球審は永野さん

あの夏「神様がつくった試合」で見た景色

大園康志
Ohzono Yasushi

ゆいぽおと

球審は永野さん　―あの夏「神様がつくった試合」で見た景色―　もくじ

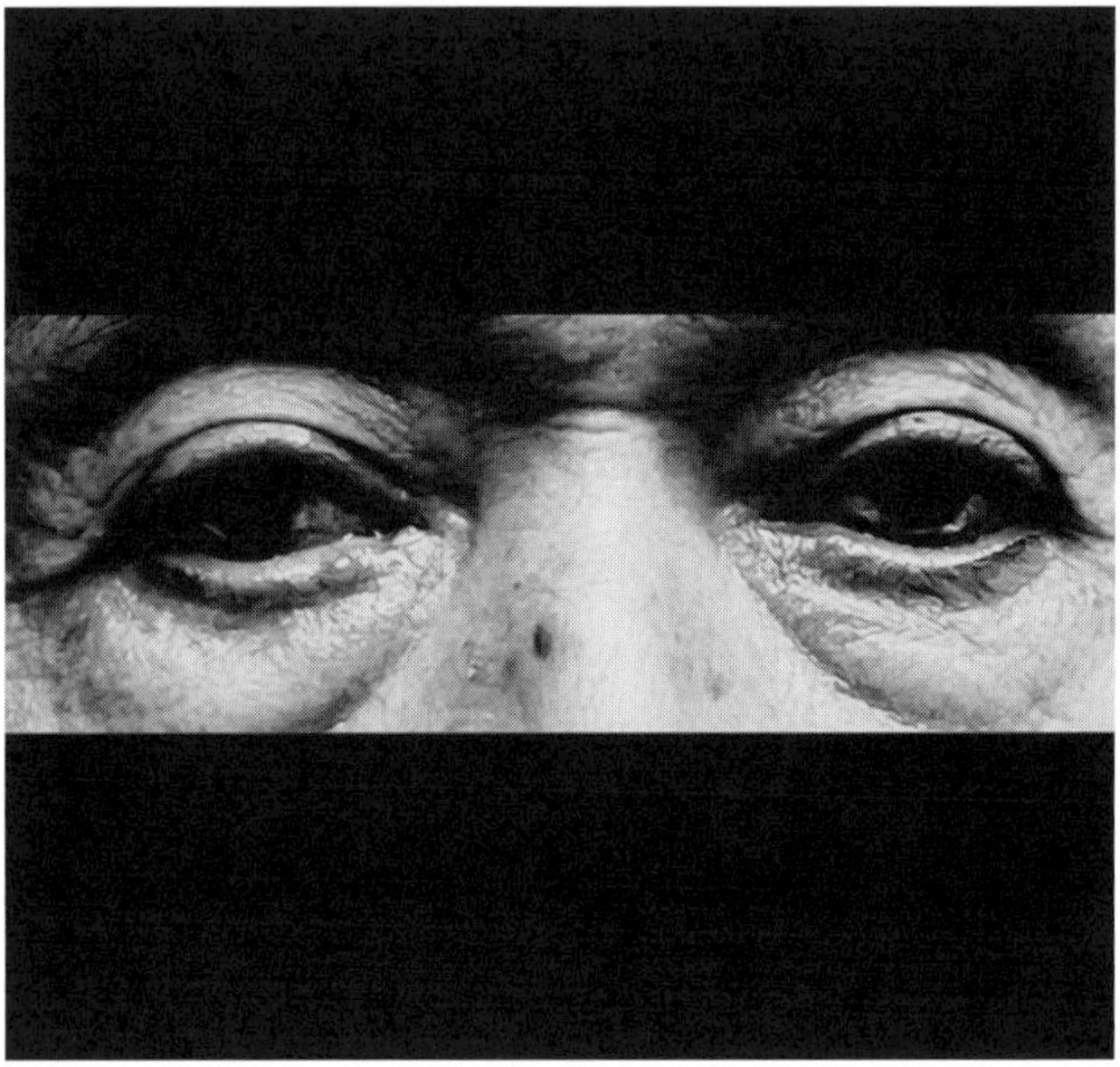

「無心無我」聖地激闘 300 試合をジャッジ

序章　２００７年夏の甲子園決勝

2023年3月。WBC＝ワールド・ベースボール・クラシックで「侍」たちが世界一になった。大リーグ・エンゼルスの大谷翔平投手が同じエンゼルスのトラウト選手と一騎討ちの末、「侍ジャパン」が勝利するという漫画のような結末。「侍」たちの無敗での勝ち上がりに多くの人が歓喜し、監督の栗山英樹氏の采配や人心掌握術も話題になった。「野球」の母国アメリカに上陸しての3度目の優勝。「野球」というスポーツの魅力に、あらためて虜になった人も多かったようだ。なかでも、今回の「野球」は、それまでの「侍」たちが体現していたスモールベースボールとは異なり、堂々と力対力の勝負を展開した。非力なこの国の人びとには誇らしさがいっそう増したことだろう。熱狂とともに、列島に新たな風が吹いた。

この時、マウンドで雄たけびを上げた「二刀流」のスーパースターの人生も、そこにたどり着くまでの道を振り返ると、岩手・花巻東高校時代に立った甲子園球場のマウンドが大事な通過点となったはずである。彼に限らず、今回、日の丸を背負っていた「侍」たちのほとんどが一様にめざしたであろう「聖地」甲子園、そのグラウンドはかくも特別な光を放つものなのか。

しかし、その甲子園のフィールドで決して「主役」にはならないものの、いてくれなければ試合が成立しないという不可欠の存在のことを忘れてはならない。その役割を長年担った男性と、ひょんなことでご縁があり、じっくり話をすることが叶った。WBCで連日列島が沸き返った頃よりおよそ1年半前のことだった。

その男性の名は、永野元玄《ながのもとはる》。

京都市内で会う約束の日が近づいていた。その日は２０２１年10月16日と決まっていた。本の編集者を伴って３人で顔合わせをする場所は、ＪＲ京都駅南側にあるホテルのロビー。名古屋から新幹線に乗ればあっという間。永野には先だって、こう提案していた。

「永野さん、甲子園の球審として長年裁いた経験を文章で綴ってほしいのです。野球のおもしろさ、ドラマ、永野さんが甲子園で30年裁いたなかで、忘れられないことをまとめてみませんか？　ホームプレートを前に何を感じていたのか、僕は永野さんにじっくり聞いてみたいと思ってきました。作新学院高校時代の江川投手の球がどうだったのか、徳島・池田高校の山びこ打線の印象、桑田、清原の活躍したときのＰＬ学園の話……。野球留学の是非とかいろいろ聞いてみたいことがあります。本を書いていただけないでしょうか？」

こう話を持ちかけたころは、永野が長年連れ添った妻・武子さんを天国に見送った日からそう経ってはいなかった。10年間にわたる妻の闘病を支えた末、永野は一人になっていた。そのことが話をした背景にはあった。

２０２１年９月。残暑厳しい京都の火葬場は、見送る順番を待つ遺族たちでいっぱいだった。

20人乗りくらいのマイクロバスで市内の葬儀場から移動してきた永野ら遺族や関係者は、武子さんと最後の別れをする時間を迎えることに……。

コロナ禍の火葬場はこの頃、全国どこも順番待ちができるほど混み合っていた。ご多分にもれず、京都市もそうだった。火葬場の建物内の喫茶コーナーでは喪服姿の多くの遺族がしばしの休息。

「お時間が来るまでこちらでみなさんお待ちいただくことになってますので、よろしいでしょうか？」

流れ作業のように係の人が案内していた。悲しみのなかでも、セレモニーホールでの葬儀が終わり一段落していることで、遺族の間には、幾分、ほっとしている空気もあった。全く無口ということはなく口数は徐々に増えていった。そして、「お時間です」の声。

武子さんの棺が炉の中へと移動するときがやってきた。遺族や関係者たちにもあらためて緊張感が……。永野を先頭に列ができ、静寂のなか、ぞろぞろと建物内を進む。足音だけが響く。重厚な自動扉が開き、炉の前に到着。目にうっすら涙を浮かべる永野が棺の横に。武子さんに視線を落とす。86歳の背中がそれまでより小さく感じられた。永久の別れ……。合掌。

この日を境に、永野は自宅で妻との思い出とともに一人暮らしを始め、「独居老人」というくくりのなかに入ることになる。10年会えていなかったものの、私にも武子さんの優しい表情や語り口は鮮明に残っており、どうしてこんなことになっているのか、まだ信じられなかった。これから永野はどう暮らしていくのだろう？　炊事、洗濯、料理は？　そんなことを火葬場の永野の背中をながめながら思っていた。そして、また元気を出してほしい。何か永野さんの気晴らしになることはないものか……。

実は、私の妻は永野の姪に当たる。永野の２人の娘たちとは年が近く、子どもの頃、姉妹のようにして近所で暮らしていたということだった。私は妻と結婚したことで永野の親戚としておよそ30年、遠くもなく、近くもない距離感で過ごしてきた。今回、「本にしてみませんか？」と持ちかけたのには、それまで永野から時折コラムのような回想録や、自身がテレビ、新聞、雑誌社から取材を受けたときの文章をメールでもらうことがあったというのも大きい。武子さんとのこともゆっくり振り返りながら、歩んだ道を多くの方に知ってもらう作業は、また気持ちに張りが出ることにつながってくれるのではと、おせっかいながら考えた次第である。そして、後日依頼の電話をかけると、電話口の永野からは、はじめ躊躇の言葉はあったが、最終的に執筆ＯＫをもらえた。こうして、京都駅そばのホテルのロビーで編集者も交え、一回目の打ち合わせが２０２１年10月16日に決まったのだった。ところが、その日が迫ってくると永野からこんなメールが届いた。

おはようございます。

10月16日が迫ってきまして、追い詰められた?感じになってきております。

実はこの話があった当初に申し上げるべきことであり、その意味でも失格なのだと気づかねばならない事柄なのに、今頃になって気づいて、申し上げるなぞは、無礼千万のことなのですが、遅まきながら書き送らせて頂きます。

と申しますのは、小生最近、それも10年以上野球には滅多に触れない状態が続いております。原因は、後述しますが、野球を見るのが恐ろしくて、その結果、避けているというのが正しいかと思います。

高校野球は特にですが、プロ野球も殆ど見ていなくて、例えば12球団の監督の名前すらも半分位かな?といった体たらくなのです。そんな人間が野球に関わるこの仕事?に触れていいのかと、この話が出た冒頭に議論すべき問題だったと今頃になって後追いしている始末です。そんなことになった原因は、2007年に遡ります。

夏の高校野球決勝戦、広陵高校(広島代表)対佐賀北高校(佐賀代表)の終盤、広陵の投手の投じた大事な1球が、明らかにストライクであろうと思われるのに「ボール」と判定され、その直後に佐賀北に大逆転満塁本塁打を打たれて、優勝を逃した一瞬がありました。この場面を見て、なんてことを審判はやったものだ！と思い、恐ろしくなってしばらく気持ちが立ち直れませんでした。
それ以降、野球の恐ろしさが去らずに、次第に遠ざかっていき現在に至っている次第でして、情けなく恥ずかしい体たらくが続いています。こんな状態の人間がこのたびのような大仕事に携わっていいものかどうかという点に引っかかって、遅まきながらここに気づいた次第です。既に甚だ無礼を重ねてきていますが、お詫びを含めて書き送らせて頂きました。すみません。

永野元玄　拝

メールを読んで面喰らった。「執筆については辞退したい」という寝耳に水の内容だったからだ。このメールで伝えられていた２００７年の夏の甲子園決勝とは？　とにかく、その試合をインターネットの映像で確認するのが先決だと思った。

灼熱の太陽が照りつけていたその日、マウンド上には見たことのあるピッチャーがいた。あっ、広島カープの野村祐輔……。彼が投げた試合だったか……。同時に、大学野球を経て、プロで10年投げている彼が、この時の甲子園のマウンドを経て、その後、活躍を続けていることで、少し安心した。

また、この時、野村選手の球を受けていたキャッチャーは、その後、ジャイアンツで活躍、日本代表にも選ばれたことのある小林誠司選手。彼もまた大学野球を経て社会人野球で活躍。2人ともにドラフト1位でプロ野球界へ。彼らの高校最後の甲子園は、不可解な判定を伴う負け試合となったが、その時の結果は、その後の彼らの人生にはいい具合に作用したのだと思いたい。試合に負けた後、彼らは次のステップでの飛躍を誓い合ったということも記事で見た。

一方、その試合で広陵に勝った佐賀北高校野球部の活躍は、当時、お笑いコンビ「B&B」の島田洋七氏が書いたヒット小説『佐賀のがばいばあちゃん』にちなみ、「がばい旋風」が甲子園に吹き荒れた、と大きく新聞・雑誌で取り上げられていた。「がばい」とは、佐賀弁で「すごい」という意味だ。

では、試合の顛末を詳しく。

4対0で広陵リードで迎えた8回裏。佐賀北の先頭打者は、三振で1アウトに。続くバッターは三遊間ヒット。そして、ランナーを1塁に置いて、次のピンチヒッターが痛烈なライト前ヒット！　これでランナーは1塁、2塁。この試合、佐賀北初めての連打だった。そして、打順はトップバッターへ。スタンドは押せ押せムード。声援と手拍子はどんどん大きくなる。球場全体のボルテージは最高潮に達していく。

前の回まで佐賀北を1安打に抑え込んでいた広陵のエース野村投手。少々疲れも出てきたのか、次のバッターには四球を与え、佐賀北は、1アウト・フルベースとした。ここで、広陵ベンチから背番号17番の選手が伝令としてマウンドに近づいてきた。守りのタイムだ。一呼吸置く。続く佐賀北のバッターは左のバッターボックスへ。野村投手の初球は低めに外れて1ボール。2球目のストレートは、内角低めぎりぎりの素晴らしい球筋だった。しかし、審判は「ボール！」の判定。3球目はストライクでカウントは2ボール1ストライクに。そして、4球目は高めに外れて3ボール1ストライク。これで次がボールとなると押し出しで1点となる。投じた野村投手の球は……真ん中低め。バッター見送る。小林選手のミットはキャッチング後、わずかに上に持ち上げられた格好。それでも、いいコースに決まっていた。しかし……。判定は「ボール！」。小林選手はキャッチしたままミットを地面にたたきつけ悔しがる。これが、永野が言う問題の「ボールの判定」。

素人目にも低めの素晴らしいコースに決まったストライクに見える。しかし、判定がくつがえるわけでもなく、抗議の声がベンチから飛ぶわけでもない。ここは、神聖なる甲子園の決勝戦の舞台。四球で押し出し。佐賀北が1点をようやく摑み取ったのだ。

エース野村投手は、この判定に一瞬「えっ？」と苦笑いしたように見えた。そして、ふてくされることなく、怒りを露にするわけでもなく、時は過ぎていく。そして、甲子園球場全体が佐賀北を後押しする空気にさらに包まれていく。公立高校への判官びいきか。佐賀北が強豪私立校＝広陵とどこまで戦えるのかということもあったのだろう。それでも、広陵有利は依然として変わらない点差だった。

続く佐賀北の3番バッターは、それまで甲子園で2本のホームランを打っている副島浩史選手。1球目ファウル、2球目ボールで3球目を鋭く振り抜くと……ボールはレフトスタンドに突き刺さる。満塁ホームランだ！　4対5。ついに佐賀北が逆転。4対0のビハインドから一気にこの回、5点をもぎ取った。結局、勢いそのままに佐賀北が次の9回表、広陵打線を抑えて4対5で初優勝を飾ったのだった。誰もが想像していなかったドラマが展開され、これぞ甲子園という結末だが、確かに、あの「ボール」の判定ではかわいそうだという思いが残る。

打たれたエース野村投手は広陵の最後のバッターでもあった。

佐賀北の校歌が球場で流れる間、彼は泣き崩れることなく平静を保っていた……ようだった。その気丈なたたずまいには感動すら覚えた。

永野が言うように、判定に関しては「何てことを！」という見方もできるだろう。

調べてわかったのは、永野だけでなく、仲間の元審判たちも「あきらかにストライクをボールとした判定だった」と、その後何年たっても語り草となっている「疑惑の判定」なのだ。2チームそれぞれの郷土で応援した人たちの泣き・笑いが目に浮かぶ展開・結末だった。

広陵の監督は試合終了後、記者団に「あんな判定をされると、どう対処していいのかわからない。どこに投げたらストライクなんですか」という内容の怒りをぶちまけたようだ。また、「言っちゃいけないことはわっている。でも、言わないと変わらないでしょう。高野連は考えてほしい。辞めろと言えば辞める」とまで語ったようだ。

同じ甲子園の審判だった永野には、見過ごせなかったこの1球。ストライクをボールと判定してしまっても、それがくつがえらない怖さ。審判にしてみれば「ごめん、間違った！」と言えない辛さもあるだろう。その球審は、試合後、記者からの質問に「低かったから」ときっぱりと答えている。一方、野村投手は高校卒業後、東京六大学で明治大学のエースとして活躍、史上7人目の30勝３００奪三振を達成。プロへの階段を順調に駆け上がっていった。

当時この試合をテレビで見ていて、野球から遠ざかることになったという永野。「野球を見たくなくなった」というのだからよっぽどのことだ。とはいえ、それが理由で「やっぱり野球のことを自分が本に書くことはできない」と翻意した発言には、面喰らった。永野にしてみれば本づくりは親戚の私からの提案でもあったので、むげには断れなかったということなのか？でも、こうして本になっているということは、この後、さまざまな協力をいただき、意は叶ったというわけだが……。ただ、書いてほしいと言っていた本人が書いてしまうことになったのだから、困ったものだ。

1936（昭和11）年2月生まれの永野元玄は、2023（令和5）年の2月で87歳になった。その昔のニックネームは「ゲンゲン」。京都市在住。身長はその年代ではめずらしく、180センチほどと大柄だ。ビールも日本酒も焼酎も、アルコール類は今なお何でもござれ。クイッと飲みほし、乱れることもない。病院にかかったことはほとんどなく、「最近は少し、耳が遠くなったかな……」というくらい。しゃんと伸びた背筋。実直な人柄が体全体から伝わってくるようだ。特徴の一つは、周りから苦笑が起こることもあるほどの駄洒落好きということ。しかし、御愛嬌の範囲。大柄ゆえの威圧感を回避しようとする、人付き合いにおける防衛手段なのだろう、と私は解釈している。親戚が多数顔を揃える法事でも積極的に皆に話しかけ、硬直した空気を和らげてくれたこともしばしば。頭が下がるほどの腰の低さ。これが、親戚になって30年以上が過ぎても私が永野に持ち続けている印象だ。私の結婚式は、妻の同級生の実家でもある京都市内の大原野神社だったが、親戚、家族、近しい友人だけが参列した式だった。そのうちの1人が永野だった。初対面のその時は、甲子園の永野さんだ、と胸がわくわくしたのを記憶している。結婚式の慣れない段取りに緊張していたところに、テレビで見たことのある「球審・永野」のオーラに少々圧倒された25歳のサラリーマンであった。とにかく、不思議な感じだった。

永野は普段、自宅近くの通学路で小学生たちの登下校の「見守り隊」として立ち続けている。17年にもなるという。児童たちからはニックネームの「ゲンゲンさん」で呼ばれている。親戚に限らず外面は大変よく、「情に脆くお節介で、そのくせ頑固なところもあって、なかなか見かけない珍しいタイプ」というのが近くに住む娘たちの共通した認識だが、次女のゆち子さんは、そんなお父さんの理解者であり、一方長女ののり子さんは理解に苦しむことがあるという。それでも最近は高齢のためか、角が取れてきているように思うということだ。しかし、私にとっては、やはり子どものころから毎年のように甲子園の高校野球の実況中継で耳にしていた「球審は永野さんです」の永野である。

さて、今一度、佐賀北と広陵の話に戻ると、あの2007年の夏、永野は、甲子園の舞台からは遠ざかっていて、テレビの前の一視聴者にすぎなかった。あの1球の「ボール!」の判定後、広陵高校キャッチャーの小林選手がミットを地面にたたきつける瞬間は見ていなかった。テレビの前で天を仰いでいたからだ。その永野には、高校時代、自身がプレーヤーとして「あの1球に人生が左右された」という実体験もあった。追々紹介したい。

永野が30年にもわたってジャッジを続けた甲子園という場所は、時に重苦しくも、華やか、さわやかで、ドラマチックな物語が展開されてきた舞台であることは多くの人が知るところである。しかし、たまに2007年夏の決勝のような「思わぬ事件」も起きる。だから、「おもしろい」という声もある。永野の人生を振り返りながら、審判の目線の先の世界はどうなっているのか、少しでもそれを紹介できればと思う。

審判生活を思い返しながら永野がこう述懐する試合がある。
「30年間審判をやらせていただきましたけど、文句なしに箕島対星稜の一戦がいちばん強烈すぎるくらい頭に残っています」

1979年の夏の甲子園、第61回大会の3回戦の箕島高校（和歌山）対星稜高校（石川）の試合は延長18回の激闘。球審として裁いたのが永野。そして、永野がこの試合でとったある行動が、その後、1人の選手の人生に大きく影響した。試合は長い高校野球の歴史のなかでも、もっともドラマチックな結末を迎えた一戦とされ、多くの高校野球ファンに語り継がれている。その試合こそ「神様がつくった試合」とまで言われているのだ。
その日は、最低気温が約27度。最高気温が約35度。観衆は34000人。テレビ中継の映像からもグラウンドの暑さが伝わってくる。選手のユニフォームも土だらけ。私は当時、鹿児島に暮らす中学生。その夏は、当然のごとく我が郷土の代表＝鹿児島実業高校を応援していた。しかし、「鹿実」は早々に敗れ、高校野球への興味はその時点で半減。俺の夏も終わったと思っていた。さらに、盆が明けると海にはクラゲが現れ、楽しかった海水浴シーズンもいよいよ終わってしまう……。小学生のころから8月16日という日は、終わりゆく夏の気配を感じ、寂しさが心の片隅に現れてくるころだった。ああ、宿題も終わっていないという不安も感じ始めるころ。

しかし、その日展開されたテレビのなかの「神様がつくった試合」は、夕食時にまでおよぶ延長戦。目が離せないナイター中継となった。カクテル光線のもとでがっぷり四つの箕島と星稜。見ている自分も、息苦しくも終始ワクワクさせてもらった記憶がある。それほど年の変わらない高校生たちがテレビのなかで躍動し、その筋書きのない展開に観客が熱狂、ドラマに次ぐドラマだった。プロ野球ではないのにナイター中継というのは、実に不思議に思えた。鹿児島だけでなく全国津々浦々、多くの人がかたずを飲んで見守った試合だったはずだ。

その8月16日は、永野の暮らす京都市では五山の送り火の日だった。夜、かがり火によって「大文字」「妙」「法」「左大文字」「舟形」「鳥居形」の文字が、市内五つの山に浮かび上がる。京都の夏を象徴する鎮魂の景色。永野はその年まで何年か見ていなかったようで、久しぶりに家族と「今夜は送り火を観覧しようか」と朝に約束し、甲子園に出かけていたのだった。そして、午後4時6分に開始となったその試合を球審としてジャッジ。決着は、午後7時56分。「大文字」の点火時間と同じころであった。３時間50分に及んだ試合によって、家族との約束は果たせなかった。あれから40年以上が経過した。

意外なのは、永野が球審としてテレビに映る試合でも、家族はほとんどその様子は見ておらず、本人も「不思議な我が家の環境です」とポツリ。いったいどうしてなのか？　家族に聞くと、家族なりの思いがあってのことだった。その思いが「神様がつくった試合」のときでも変わらなかったということだ。

この試合を含め、「球審は永野さんです」の実況フレーズは、特によく耳にしていたので、甲子園の風景とともに意識下に溶け込み、少年時代の自分の野球の記憶として消えていない。役目を担うことの責任や緊張感はそこに立った人にしかわからないものだが、甲子園でのクロスプレーで試合が決する際の瞬間などを想像すると、審判も心技体が充実していなければ、重圧に押しつぶされてしまうだろう。ホームプレートのすぐ後ろからは、いったいどんな景色が見えていたのだろうか。日本のその後を背負う若者たちの真剣勝負の場を見届けた立会人。あの日の出来事をゆっくり語ってもらうことにしよう。

ただ、それを永野さん本人に書いていただくはずが、私が書くことになり、まだいささかとまどってはいるのだが……。

大園康志

第一章　「キャッチャー永野くん」悪夢の甲子園

松山商との決勝戦

永野は高校時代、どんな球児だったのだろう。ふるさとは、南国・土佐。

1953（昭和28）年。第35回夏の全国高校野球大会。永野は高知県の私立の雄・土佐高校のキャッチャーとして初出場し、決勝戦に進んだ。全国の頂点がすぐそこに見えていた。9回裏の守り。対する松山商に2対1で勝っていた。2アウト、あと1人をアウトにとれば優勝だ。キャッチャー永野の目の前にいる最後のバッター。土佐高校バッテリーは、2ストライクまで追い込んだ。あと1球で決まる。ついにここまで来た……。永野のサインにうなずいたマウンド上のピッチャー、投げたボールは、アウトコースの低めのカーブ。

（あっ……）

「今でもその瞬間の、指の感触まで覚えていますよ、ここにボールが入りかけていたというのを……」

鮮明な記憶。永野は左の掌を、右手をグーにして二度たたく。あの瞬間を思い出しては苦しみ続けてきた。87歳になった今でもその苦しみは消えていない。

2004年1月のこと。永野は、その忌まわしい決勝戦から50年以上がたったタイミングで自らその時の詳細を原稿にしたため、振り返っていた。その文章は、母校・土佐高校の同窓会に頼まれて寄稿したものだった。

「白球有情〜西山安彦君を偲んで」

２００４年１月　永野元玄　記

半世紀。長いようで結構速く過ぎ去ったようにも思う。「卒業50周年記念文集」へ投稿するのに何を書こうかと考えるなり真っ先に頭をよぎったのは、３年生の夏を燃やし尽くした甲子園の野球だった。その中で幾つかの題材はあったが、文句なしに故西山安彦君のことを、自分の心の奥深いところに残し続けている「罪悪感」を通して書かせて貰うこととした。これを書き始めるに当たり、正確を期すために奥様ほかの方から今一度確認を要する事柄のあることに気付いたので、あらめてお尋ねしてみることとした。同時に今度の執筆に際し、西山君のことを書かせて貰うこと、そして「文集」へ掲載させて貰うことについてのご了解を得るために電話をかけさせて貰ったところ、「構わない」とのご了解を奥様から頂いた。この過程で何とも不思議なつながりや出来事が幾つか隠されていることを知ることにもなったのである。

西山君は余りにも早世であった。満45才まであと半月という、昭和55年3月19日に心臓発作のため帰らぬ人となった。千葉県市川市に住まわれていたときであったが、ちょうど私は茨城県鹿島の住友金属に勤めていたので市川市は近間で、直ぐに駆けつけることが出来た。突然だったことに加え、15才と10才の二人のお嬢さんが父上をこよなく慕って来られた様子がたまらなく悲しい告別の場を醸し出していたことが脳裏から離れない。

奥様の悲嘆には触れるまでも無いことであるが、本当に悲しくて辛い別れであった。


1953（昭和28）年。夏の甲子園大会。私たち土佐高校野球部は、初陣（春は2度出場）で、ノーマークの存在から優勝候補を次々と破り、決勝戦を迎えた。9回の守りについた我々は「2死、走者無し」「あと1球で優勝！」というところまで松山商業を追いつめたが、このあと破綻を招くことになる。

1・2塁に走者を出したところで打席に入ったのは3番打者・大黒柱の空谷選手だった。これも、またたく間に2ストライクまで追い込んで行った。「あと1球で優勝」の状態は依然として続いた。そして山本君（ぺーさん）が投じた見事なカーブは私が構えたミットに向かってアウトコース低目の一番打ちにくいところへ絶妙にコントロールされ、ベストピッチだと思われた。この難球を空谷君はバットにかすかにかすらせるのがやっとのことだった。しかし、私は、このファウルチップを一旦はミットにおさめたが、落としてしまったのである。ファウル……。空谷君にとってみれば、九死に一生の命拾いであった。

そして、気を取り直したぺーさんが渾身の力を振りしぼって投げた直後の投球を空谷君はセンターへはじき返したのである。この打球は高く上がり、折りからの強風にあおられて逆戻りし、センター前に落ちる中前安打となって土壇場で同点に追いつかれ、延長戦に突入することに。

結局、13回に決勝点を奪われ、私たち土佐高校は2対3で敗れた。悔やんでも悔やみ切れない落球であった。「あのタマをつかんでいたら」と半世紀のあいだ心の中に引きずって来た。

ここでお断りしておかなければならないが、この寄稿文は西山君との関係を主題とさせて貰っているが、それのみで無いばかりか、すべての根幹にこの私の「しくじり」が先ず存在していることを抜きには記述出来ない点である。

チームメートには勿論、みんなの足を引っ張った大きなミスとなり、取り返しのつかない痛恨事として残っているのである。大魚を逸した悔しさよりも凡ミスへの悔恨がすべてである。そして、冒頭に記した西山君へと巡って行くことになる因果関係の発端がここから始まったのである。それはこういうことである。

9回大詰めの場面に同点を許したセンター前ヒット。それにまつわる世の第三者による《事実から乖離した話》と《風評》が、俊足・好打のセンター西山君、更にはご家族までをも後々苦しませることになってしまったのである。

あの場面、センター方向に舞い上がって行った打球は甲子園特有の強い浜風に、それも突風のような逆風となって押し戻されていたのである。このことは翌朝の新聞には「松山商高に神風が吹いた」と記されている。

話を少し脱線させるが、私はこの試合から10年を経たのち「甲子園に大きなやり残した思い」があったから審判として30年間、この球場で高校生と触れ合って来た。昔、捕手として蹲踞《そんきょ》していたほんの僅か50センチうしろの位置に球審として立ち、判定を繰り返して来た。そして、その多くの試合の中で浜風の怖さ、風のいたずらによるどんでん返しの場面をどれほど目のあたりにしたことだろうか。

あの日も、ことほどさように急変する浜風の下で生まれたヒットだったのである。しかし、このことが「西山の落球」と噂され、尾ひれが付いて吹聴され話が一人歩きしていたし、ひょっとするといまだにそう思っている人がおられるかも知れないと考えると、暗い気持ちがぬぐい切れない。勝負に言い訳は無用であるとしても、西山君はそんなことに目くじらを立てて反論するような彼では無い。どんなに苦しんだことだろうと容易に想像がつく。更に奥様やご家族も事実無根の風評の中にさらされる場面に幾度も遭遇されたと聞き及んでいる。

「西山君ゴメン、スマン」という思いとともにここまで来てしまった。

西山君は「キミの落球は関係無い」と折りに触れて口にしてくれたが、私も言われれば言われるほどに心苦しいものであった。自分が「あのタマを捕球していたなら……」と痛恨の落球を反芻する。そして突然の訃報に驚き、愕然としながら駆けつけた。御霊に、この言葉でしか語りかけることが出来なかった。

あれからもう24年が経ってしまった。当時、中学でハンドボールに心血を注いでおられたご長女・知花ちゃんの健気な姿と「お父さんに負けないような立派な選手になります」というひと言にひとしお胸を打たれた。

甲子園球場の現場に、そして西山君が守備についていたセンターの場所に足を踏み入れる機会に恵まれている自分に、出来ることが一つあった。大会使用球を1個貰い受け、そのボールをセンター付近のグラウンドに転がし、そして土にこすり付けて西山君の足跡、形見と見たてて持ち帰ることがそれであった。その日の最終試合に担当審判として割り当てられた日に合わせて、その作業をやらせて貰った。みんなが引き上げたあとの夕闇迫るグラウンドであった。

妹さんの明佐ちゃんのことが勿論気にかかっていたが、1個のボールを貰い受けるのが精一杯だった。結局お姉ちゃんの知花ちゃんへこのボールを届けようと決めた。これは、後日談として奥様から聞いた話であるが、手紙を付けて送った郵便物が手元に届いたのが、偶然にも長女・知花ちゃん16才の誕生日、4月28日当日だったそうである。

1951（昭和26）年春、私は高知市立城西《じょうせい》中学を卒業して土佐高校に入学。中高一貫教育の私立土佐中から高校へ上がって来たみんなと《球友》となった。当時の土佐中野球部は県内で抜きん出ていた。

高2、夏の県大会が終わったとき、山本直四郎部長、溝渕峯男監督（いずれも故人）から意外にも新チームの主将を命じられたのである。私は他人を押しのけることが出来ない弱虫。ましてや、ただ一人のいわば《外様》が主将になることの理不尽さのような重圧も伴う形のようなものは嫌。この先、耐えがたいだろうなと思い、直ぐに辞退を申し入れた。「西山君が適任だから彼を主将に」と請願したのだった。

結局、チーム編成上、守備位置が中堅手より捕手の方に、即ち扇の要のポジションに指示系統のある方が望ましいということになったと思われる。私の申し入れは通らなかった。かくなる上は使命を果たすよう取り組むしか無かった。だが未熟な上に険しく厳しい練習と自分自身の成果が思うに任せなかったため、途中で何度か主将降格のことを申し入れ、相談のために溝渕監督宅を夜中に訪問したものである。しかし、その都度、叱咤激励されたため、自分を奮い立たせて役割を果たすよう努めたつもりではあったが、果たしてどうだったのかは自身には分からない。

チームメートみんなが本当に良く頑張り、また助けてくれたことは生涯忘れない。だが、大事な1球と優勝旗をつかみ損ねた痛惜の青春であった。

試合の話に今一度立ち戻ることにしたい。あの決勝戦9回の場面にはこんな裏話がある。「あと1球で優勝」の状況で実は、にわかに捕手の私には大欲が宿ったのである。誰でも勝ちたいのが人情ではあるが、こともあろうにあの詰めのところで《深紅の大優勝旗》が目に飛び込んで来たのである。甲子園大会では今も全く同じやり方で閉会式の準備を終了間際にしているが、その段取りをするのはごく当たり前のことではある。ただでさえも目を惹きつける《大優勝旗》だが、深紅ときているので尚更に鮮烈だ。

大詰めとおぼしき1球への投球サインをぺーさんへ送りながら、右方向のベンチ横に運ばれて来た《大優勝旗》へ目線が行き、その邪念を宿しつつ私は捕球姿勢に入ったのであった。今もって鮮明にそのことを覚えている。しかも閉会式で貰い受けるシーンを思い描いていたのだから、これはもうどうしようも無い不届きな状態に陥っていたことになる。罰が当たったと言うべきで結果がそれを証明している。そこから西山君の苦悩へとつながって行くなどとは思い及ばないことではあったが、痛恨のしくじりであった。

運ばれて来た旗を視野にとらえた、と言うよりいやでも前方に見える訳だから多くのチームメートも少なからず気持ちがゆれ動いたと、のちに述懐している。ただ、この決勝戦は歴史に残る稀な好試合とされ、かの学生野球の大御所だった飛田《とびた》穂州《すいしゅう》さん（1886～1965年　日本の《学生野球の父》）に、主催者の朝日新聞紙上で「優勝旗の無い優勝校」「今年は優勝校が2校」などと語って頂いたのであるが、私にとってはまことにほろにがいものであった。なお、余談ながらこの大会初戦の相手・金沢泉丘《いずみがおか》高校戦で我々、土佐高校が記録した1試合13盗塁の記録は半世紀を経た今も破られていない。他の記録はすべて更新された。

今回の寄稿に際し、西山夫人へ許諾を頂くために電話したところ、次のような話の拡がりになっていることに加え、知らなかった事柄などが分かった。「西山の落球」のくだりに、事実・史実と違う風評が一部にあることを題材にしたフィクションの短編が1995（平成7）年7月15日に高知新聞紙上へ掲載されたという。

フランス文学者で作家の山川禎彦さんが「白球――南国の空の下から」と題する玉稿をお載せになっていたのを拝読。ご夫婦結び付きのくだりや、お二人のお嬢さんのことなどを含めた名文を一気呵成に読ませて貰った。これは、まさに西山君の「濡れ衣」を見事に晴らされた感動的なものである。

確かにフィクションとしてお書きになられてはいるが、中身はまさに史実に基づいた、その意味ではノンフィクション作品そのものだった。ここに全部を引用出来ないのが残念であるが、一部をお借りしたい。この短編の登場人物が奥様と対話するくだりを記すと……。
「ところで、Xさんは生前そのことについて何かあなたにお話したことはありませんか」
「いちどもございません。……夫が亡くなって当地に戻ってきましてから、たまたま会った人が、わたしがXの妻であったことを知り、あの時の敗因はXのせいだときびしく責められました。そんなことは幾たびもあり、そのたびにわたしは口惜しくて心の中で泣いてきました。当時の記録をごらんください、というのが精一杯で、声を高くして弁解する気持ちにもなれません。もう昔のことですから……」。

西山夫人を訪ねたこの取材者は「当時の関係者の話や観戦記、新聞の報道、公式スコア記録を徹底的に調べてみましたが、《エラー》や《落球》の文字はどこにも見出すことができない。それがどうして……」と話す。このことによっても事実が正しく確認されたことになる。そして「彼女の心をかつてないほど爽やかにしていた」と結ばれている。

読後、史実の部分はまさしくノンフィクションだと確信したので、西山夫人にお尋ねしたところ、「すべてこの通りです」とのことであった。生き証人でもある自分もあらためて事実を確認した次第である。西山君が風評を耳にしていたことは確かだった。ひょっとして心臓病への影響があったのではないか、という気持ちがぬぐい切れないでいる。あらためて「西山君、ゴメンよ」

山川禎彦さん著になる「白球」が西山ご一家のわだかまりを氷解したのは勿論のこと、お聞きすれば西山夫人のご所望もあったかと思うが、単なるボールでは無い1個の《白球》に山川さんが「白球」と自署下さったとのことである。このボールは奥様への捧げものであるかも知れない。先年、私が知花さんへお送りした甲子園のセンター付近の足跡を印した1個のボール、聞けば大切にして頂いている由、しかし妹さんには申し訳の無い無情なアンバランスの状態を残し続けていたのであるが、今回一連の電話対話の中で西山夫人は「白球が2個になりました。今は私の手元に置いてありますが、いずれは形見として明佐（次女）のところへ参ることになるでしょう」と。

言葉には言い表せない衝動と一種の安堵感が走った。長女の知花さんは嫁いで埼玉・志木市におられるが、お父さんの命日には毎年、近くの柏町にある有名なお菓子屋さんの冷菓を必ずお供えとして送ってこられるそうである。この町のすぐ近所に私の姉が住んでいることにもまた不思議なつながりを感じないではいられない。いつまでも優しくて団結の固い西山ご一家に頭の下がる思いである。

3年〇組の氏原君ほか多くの世話役から「卒業50周年記念文集」企画と寄稿呼びかけの話があった節目の機会に、胸の内に残るわだかまりをさらけ出させて貰うとともに故・西山安彦君へのご冥福をあらためてここにお祈りし、拙文を閉じたい。

以上

この永野の寄稿文を読むにつけ、悔しい思いが痛いほど伝わってくる。

繰り返すが、その永野たち土佐高校は1953年に夏の甲子園大会に南四国代表で出場し、優勝候補の浪商（大阪）や中京商（愛知）を破り、松山商（愛媛）との決勝戦へ駒を進めたのだった。この年は、8月13日の開会式からNHKのテレビ中継がスタートしていた。しかし、世の中の人にとっては、まだまだラジオ中継のほうが身近な時代。一家に一台というテレビの時代はもっと後のことだった。電器店のテレビの前には黒山のひとだかりができた。また、NHNのテレビの放送開始自体は、その年の2月だった。民放では8月に日本テレビが放送を開始した。この時代に高校野球は遠隔地でも見られることになり、ここから人気はさらに高まっていくことになる。この年、朝鮮動乱の休戦協定が成立。ラジオドラマの「君の名は」が大人気となり、真知子巻きが流行。若い方にはなんのこっちゃ、という話だが……。その翌年には映画「ローマの休日」がヒット。主演女優のオードリー・ヘプバーンのヘアスタイルが流行し、世相に明るさが戻ってくることになる。

では、話を戻そう。

松山商と土佐高の決勝の試合は、西山選手の前に落ちたセンター前ヒットで同点に。土佐高は9回2アウトまで1点差で勝っていて、土壇場で追いつかれたのだった。そして、延長13回、2対3で負けてしまった。その日、ラジオ実況で放送された9回のシーンは「打ちました！　打球はセンター西山の前に……落ちた！　松山商業同点のランナーが、今ホームイン！」という内容だったはず。ところが「打ちました！　センター西山が前に落とした！　松山商業同点のランナーが、今ホームイン！」という勘違いがラジオの前にいた人たちのなかに少なからずあったという残念な事態だったようである。主将・永野にしてみれば、自分が直前のファウルチップを捕球してさえいれば、西山選手をあんなにも苦しめなくてすんだはずなのに、という後悔。いまいましい出来事なのだ。

「ボールがミットを通してこぼれる感触は、今でもはっきりと思い出されます……」

左手の掌をまたポンポンと右手で……。悔しさから解放されることは今後もないのだろう。それもひっくるめての永野の野球人生なのだ。

記録には残っていないこうした物語を永野は、高校卒業後も、大学、社会人野球の世界でも、はたまた、甲子園の審判としても数多く目にすることになる。ホームベースを前に心が揺さぶられ続けた半生といえよう。

◀1952（昭和27）年、秋季四国高校野球大会で優勝旗を授与される永野（高知市営球場）

▼1953（昭和28）年、第35回全国高等学校野球選手権大会で外野フライを打ち上げる永野

▼1953（昭和28）年、第35回全国高等学校野球選手権大会で準優勝。閉会式後の集合写真

土佐高校野球部

この1枚の白黒写真は永野のお気に入りだという。

永野「この第35回夏の高校野球大会決勝戦前夜の宿舎での寛いだ様子は、今見ても何とも平和な印象を持てます。翌日の熱闘が青春時代の一つのクライマックスなのかなあと。チームメートは残念ながら存命者が減って4人になっていますが、〝外様〟だった私への複雑な雑念なども、もう霧散してくれているかと。いずれにしても素晴らしいチームメートでした」

第35回全国高等学校野球選手権大会決勝戦前夜。
後列向かって左端の浴衣姿が永野
(永野が大切にしている写真だが、出所不明)

永野は土佐高校野球部の主将としての責任は「自分には重すぎる」として監督に幾度も固辞したと話す。しかし、最後は引き受けることになったわけだが、どう折り合いをつけたのか。

野球部の同級生は、永野以外は全員、土佐中学からの持ち上がり。地元公立中学に通っていた永野は自らを「外様」と思っていた。地域性なのか、個人の資質なのか、「外様」であるかないかは、その時、とても大きな出来事であったようなのだ。

2021年10月末、あらためてそのことについて聞いてみた。主将固辞の背景には、亡くなった前述のチームメートで土佐中学では主将を務めた西山選手への遠慮もあったようだ。以下のような答えがメールで返信されてきた。

元々気の弱い自分であり、意地はあるが萎えてしまうところがありました。高校2年生の夏までの1年半はまあ普通に頑張る日々で精進できたのですが、主将を命じられての立場、その重圧に、心が揺れ動いたのも確かです。

その最も根幹にあったのは、やはりメンバーで唯一の《外様》でありながら、しかも土佐中学の主将として優れていた西山君がいるにもかかわらず、主将に命じられたことでした。2年生の夏の大会で負けたあと、3年生への労いの言葉があり、すぐさまその場でミーティング、新チームが発足しました。「さあ明日からは……」となりそうなものですが、監督の意気込みが違ったのか、「たった今からだぞ！」と、そのなかで主将を命じられました。即座に辞退を申し入れた次第。そして「西山くんがおられるし、私は外から来た人間です。それは撤回をお願いします」と申し出たのです。しかし、受け入れられなかった……。

そこから新チームが始動しましたが、手探り状態でありました。外様への格別な動きとか嫌がらせ的なことはなかったのですが、何かしら冷たさとか球友の眼差しがそれまでとは異ななると感じる日々となっていきました。しかし、そんなことから全体としてのチーム力が落ちたり停滞したりすることは許されないのです。自分の気の弱さなどによって、それを招いてはいけないので、主将辞退を申し入れ、交代について懇請する日が9月頃に数度にわたりました。

練習後、監督の元を訪れて懇請した次第。ところが、その後も受け入れられることはなかったのです。孤独感に苛まれる日々。ここが気の弱い私の欠点ですが、いっそのこと転校しようか……と考え始めたのです。元の土佐中学のチームが復元するし、《外様》が一人だけ入ってのやや異形の状態が解消するのではないか……と考え始めていました。

悶々とする日々が、さらに一か月ほどあったでしょうか。こんな状態ではありましたが、戦績の方は順調で来春のセンバツ大会へ手の届く結果を出していました。間をおいて監督と部長へ「苦悩している」とまた申し入れました。そこで、諄々と諭される。かたがた来春のセンバツ大会出場のこともあって、翻意した次第であったのです。

永野元玄　拝

土佐高校の野球部の創部は、1947年。昭和22年のことだ。戦後すぐからその歴史は始まった。永野が土佐高校に入学したのが1951（昭和26）年。野球部の甲子園初出場は、永野が2年のときだった。1952年の春の選抜大会だった。しかし、開会式直後の大阪・八尾高校との試合で完敗。翌年、永野が3年で主将のときにも、選抜連続出場。しかし、2回戦敗退。跳ね返される全国の壁。そして、3度目の正直となった3年生の夏。夏初出場となった土佐高校は、すでにお伝えしている通り、愛媛・松山商との決勝戦に駒を進めた。土佐高校は地元では超がつくほど有名な進学校。野球の練習環境については決して恵まれているとはいえなかったが、永野たち土佐高校には「やればできる精神」がこの時から令和の今も脈々と受け継がれていると話す。たとえば……。

土佐高校の校舎は戦火で1945（昭和20）年7月4日に焼失、壊滅的な打撃を受けた。長い長い再興への道を歩むことになる。

授業はバラックの校舎を主体にして、運動部の活動は校庭のグラウンドを中心に再開した。校庭の形は長方形で、長い辺は約100メートル、しかし、短い辺は約60メートルと手狭なものであった。このスペースで、当時はサッカー部、ラグビー部、陸上部などが同時に練習することもあり、満足な練習環境ではなかった。互いの部がやりくりし、調整しながらの相互協力が欠かせなかったそうである。そんななかで野球は最も広く場所を取る。その上、固いボールが飛び交い危険も伴う。その危険排除を第一にして狭いスペースをいかに使うか、他部の生徒への危害防止の対応をまずは優先しての練習だった。よって、信じがたいのだが、野球部の練習でメインのメニューといえる自由に打ちまくる「フリーバッティング」ができないというのが、他校とくらべた土佐高校の練習の最大の難点だった。創部した1947(昭和22)年からずっと校庭ではフリーバッティングをすることはできず、永野たちの3年間もそうだった。他校の練習環境と比較して、極めて不利な状態にあった。しかし、彼らはそれをハンデとせず、逆手にとってチーム力、戦力アップとなる練習方法を編み出し、実戦的な能力を引き出すことに注力したという。各自がそれぞれに知恵やアイディアを出し合い、手狭なスペースでもできる実戦対応の練習を考案してスキルを高めた。「マイナスをプラスに変える意識を生み出す原動力が生まれたのでは?」と永野は当時を振り返る。そして、こう話を続けた。

「フリーバッティングのできないグラウンドでも甲子園出場が叶うということを我々は一つの誇りとしていました。ハンデをプラスに変えることもできるんだと知った。たとえば、打撃練習に使う時間を実戦的なケース・スタディーにたっぷり使うといった訓練は、実戦で十分に生かされ、チーム力の底上げを後押しすると思っている。全国には満足な練習場所を持たない、狭隘《きょうあい》なスペースしかないという学校はたくさんあると思うが、強いチームへと変身させることは、『やり方次第で可能だ』とエールを送りたい。野球競技の勝敗は投手の力が8割から9割ほどに影響を与えると言われています。反面、打撃力はそう当てにならず、相手投手次第で全く打てなくなるケースはままある。そこへいくと守備力、走塁力、引いては考える野球、つまりインサイド・ワーク力を1人でも多く備えたチームの力は、確かなチーム力につながりますね」と断言。

個々の選手が補欠も含め野球をよく知っているというチームは強い。流れ作業のようにフリーバッティング練習でのんびり多くの時間を費やしているよりも、考えたインサイド・ベースボールをやっているチームの方が実力を蓄えているのではと今、永野はしみじみ振り返る。

「たとえば、夏の大会では全国に4000校あったチームが今は3500校ほどまでに減ってきていて、創部以来1度も勝っていない学校がおよそ1割はあるそうですね。練習場所をはじめ、いろんなハンデがあるのでしょうが、工夫と考える野球を地道に実践することでチーム力は大きく上がっていき、公立高校で『部の予算も割り当てが少ない』と嘆きたくなる状況であったとしても、チームが強くなっていく方法はあるはずと心から思います。そして、長年の甲子園出場という願望を叶えることも十分可能なことだと確信します」とも。

この時代、部活の顧問になることが、忙しい教員たちの足かせになっているという話はよく聞く。気の毒なほどのボランティア精神で部活を支えている指導者も身近にいる。全国レベルの私立高校スポーツ部の顧問でも、学校から出る手当は、月にわずかウン千円と話していた。土日は家庭もかえりみず、遠征では学校所有のマイクロバスの運転手となり、県境をまたぎ強豪校を訪ねて回っているのだという。おかげで夫婦間に溝ができることも。

「部活と家庭、どっちが大切と思っているの?」と、嘆く妻もいるとかいないとか。

一方、外部指導者と連携しチーム力を上げ、学校も生徒も指導者もみんなが充実した日々を享受しているところもある。昭和時代には、軍隊のように統率は取れてはいるものの「個」が見えてこないチームをほかの団体スポーツでも見たが、「よく考える」ことをベースにして鍛錬したチームが勝ち上がるというのは土佐高校が示してくれた通りだと感じる。「水飲むな！」「休むな！」「根性だ！」の時代は、間違っていたのだと、今ははっきりそう思える。賢く、科学的にどこまで技量をアップできるか……。その上で、部員のきずなが深まることが理想だ。

私の育った鹿児島の話。一つ年上の先輩は、ある剣道の強豪校に進んだ。そして、大学では個人戦で日本一に輝いた。振り返って、「高校時代はめちゃくちゃだった」と笑いながら話してくれたことがある。なぜか？「水を飲む根性なしではだめだ！」と言われていたその時代、暑さで死にそうだというときに武道場から用を足しに行くふりをしてトイレに入ると、大の方の便器の水を何度も流したうえで、少し残っている水を手ですくい、口に含んだことがあると話してくれた。昭和の部活を乗り切った世代の人たちは同様の過酷な状況を、今はいい思い出だと振り返るが、指導者たちの勉強不足も甚だしいといえる。子どもたちは頑張る方向を間違って指導されていた。今、科学的な指導が取り入れられてホッとするが、ここまで来るには犠牲になった命もある。教育は怖いとつくづく思う。

今や、社会人野球の設備と変わらない立派な環境で練習し、甲子園常連校となっている高校も珍しくないが、ハード面で充実していなくても、全国の舞台、それも甲子園の決勝戦に勝ち進んだ永野たち土佐高校が示した結果は、野球に限らずとも多くの人々に希望を与えた出来事といえる。「やればできる」というあの元高校球児の芸人さんの台詞通り、たとえ物質的なハンデがあろうと、その点で「限界だ」とあきらめる必要はないのだ。その後、土佐高校は、1953（昭和28）年までに甲子園に3度出場した。専用野球場ともいえるグラウンドについては1959（昭和34）年に竣工。そこでの練習に移ってからは、春5回、夏3回甲子園へ駒を進めている。

土佐高校野球部の特筆される特徴はもう一つ。「全力疾走」が挙げられる。

地元でも「全力疾走の土佐」として大きく脚光を浴びてきたそうだが、永野によると、実は、これは徳島の鳴門高校を真似たもので、オリジナルではないという。甲子園初登場のときからだそうで、模倣からさらに進化させたのは永野のあとの時代の籠尾《かごお》良雄監督（1966年。部員12人で選抜出場・春準優勝）だった。全力疾走についての評価は人それぞれかとは思うが、きびきびした若人たちの姿は、だらだらした我々大人からは凛々しく見える。WBCの戦いに登場した各国のトップ選手たちの振る舞いを思い返しても、「全力疾走」の風土で育って国際舞台に立った選手がいたとは想像しがたい。世界一になった日本野球の強さは、土佐高校の選手たちが今につなぐ「全力疾走」のようなことも全体として受け入れ、熟成されたところにあるのではなかろうか。

私立土佐高校受験

では、永野が土佐高校を受験して「外様」としての道を進むことになる経緯を少々述べる。永野はやたらと「外様」と卑下するが、私立土佐高校受験の判断にはこんなこともあった。永野が高知市立城西中学野球部3年のとき、県大会で私立土佐中学に勝利して優勝している。その時の城西中主将は永野だった。私立一貫校の土佐中学にしてみれば、この時破れてしまった公立中学の主将が土佐高校に入学し仲間になるというのだから、いろいろな感情が沸くだろう。永野の父親は高知県の役人、母親は教師。土佐高校進学には何の反対もなかったとのことだ。また、城西中野球部の同級生たちの進学希望先はばらばらだった。「高校でも一緒に野球をやろう!」という望みが叶わないと判明。永野は、ライバル土佐中学の精鋭たちと高校で一緒に野球をしてみたいとの思いもあり、この時ばかりは勉学に励まざるをえなかったと振り返る。結局、永野の年に土佐高校に途中編入した生徒は、全体でも16人。永野はのちに16人中1番の成績で入学したという話を聞くことにはなったのだが、入ってみると土佐高校は東大に進学する生徒が珍しくない高校であり、永野自身、成績は褒められたものではなかったと話す。テスト後に校内に貼り出される自分の名前と順位を見るのはとても辛く、野球部員たちは仲良く低空飛行を続けたとのことだ。どの世界でも上には上があるのだなと悟ったらしい。とはいえ、無事に入学でき、中学時代はライバルだったメンバーとも同じ釜の飯を食べることになったのは、この上ない幸せと感じながら、白球を追うことになった。

また、受験に至るまでにはこんなこともあったそうだ。

中学3年時、永野は高知の野球の名門・高知商業から入学の誘いを受けた。実は、通っていた城西中の正門前には、当時、名将としての誉れ高い高知商業の松田昇監督の自宅があった。永野は中学3年生の夏から秋にかけて、下校時に2回、校門を出たところで松田監督に出くわした。そして「うちの野球部にこんか!」と誘いを受けた。

「とても驚いた」と振り返る。今思えば、下校する永野をじっと待っていたと推察されるとのこと。しかし、高校では土佐中のライバルたちと仲間として野球をやりたいという気持ちに変わりはなく、「土佐高校を志望しています」と伝え、丁重に誘いを断ったのだという。

その松田監督の息子は松田高明選手。永野が城西中3年のときに戦った土佐中学の3塁手だった。同学年で対戦相手のライバル。松田選手は、そのまま土佐高校に進み、永野ともチームメートになるわけだが、松田親子については、その後、甲子園をかけた県大会で親子対決になったこともあった。結果は、土佐高校の勝利。甲子園への道が閉ざされた名将・松田監督はどう思っただろうか。永野も松田選手も進学先として監督の高知商業を選ばなかったことが、勝負の綾になったのかもしれない。

そして、永野が土佐高校をめざすに際して影響を受けたのには、この人の存在もあった。同じ町内に住んでいた池上武雄さんという人物。永野が城西中2年のとき、子供のころから知る一つ先輩の池上さんが土佐中学野球部で主将だった。池上さんは、土佐高校でも投手として活躍していたが、永野が城西中学にいたので「高校は土佐へどうか」と誘ってくれていた。このひと言が、土佐高校を受験する気持ちをさらに強めていったのだという。入学後、2人はバッテリーを組むことになる。池上選手は3年時には主将でエース。チーム力も上がり、土佐高校は四国内で好成績を残すようになっていた。そして、選抜大会初出場を決めた。しかし、甲子園では初戦で敗れ、その年の夏の大会では甲子園に届かなかった。このあと新チームを永野が引き継ぎ、先に述べた「主将問題」へとつながっていくのであった。

池上選手は、土佐高校を卒業すると慶応義塾大学へ入学、その1年後に永野は後を追うように慶大に進学。野球部で池上先輩と3年間、ともに過ごすことになった。なぜ慶應なのか。高校入学のころは漠然と早稲田大学へ行こうかなと考えていたようではあるが、慶大野球部が数年にわたって高知でキャンプを張っていて、当然、地元高校球児らは見学もする。そのうち永野は練習への参加を勧められ、球拾いのようなことをするうちに、早稲田から慶応志望へと心変わりしていった。人の道とはちょっとしたことで変わっていくものである。特に近くにいる尊敬する人、慕っている人が進む道が、年下からはキラキラ輝いて見えるものだ。そんなことで人生は選択されていくこともある。それが正しいのか間違っているのかはわからない。でも、それが正解だと思って人は突き進む。

永野が慶応に行かずに早稲田を選んでいたらどうなったのか。早慶戦に関わる選手たちの人生が、幾重にも絡まってグラウンドでのドラマが織りなされていく。あの時、早稲田を選んでいたら……、慶応を選んでいたら……、多くの選手たちがその後の人生で振り返ることだろう。

永野が慕っていた池上選手は、慶応卒業後は四国銀行へ入行、最後は専務取締役になった。その後は土佐高校の校長に転身し、数年後には理事長を任された。偉大な先輩だったと話す。

溝渕監督

その永野たちの高校時代の指導者はどんな人物だったのか、あらためて紹介したい。高知県内では先述の高知商業の松田昇監督と双璧の名匠と称された人だ。１９５３（昭和28）年夏の甲子園大会決勝戦で敗れたときにも指揮をとっていた溝渕峯男監督だ。荒木又右衛門《あらきまたえもん》を崇拝するあまり、本業は、「アラキ」を商号とした運動具店の経営者だった。荒木又右衛門とは江戸時代の武士、剣客、新陰流の剣豪である。

その指導方針と行動指針は単純明快でわかりやすかったと永野は振り返る。「進取の気性」をモットーとしてハッパをかけ、ときには激情が爆発。殴打事件を起こし、新聞沙汰になったこともあった。今なら一発アウトか……。

笑ってはいけないのだろうが、激情のあまり大声で選手を怒鳴りつけると、持病の痔疾により肛門が出てくる（脱肛）とみえて、それを押し込む間、ハッパかけは小休止に。そして再開へ……という具合だったという。

その溝渕監督は1953年夏の大会では永野たちを率いて準優勝で終わったが、その11年後、1964年には高知高校に乞われて監督に就任した。そして、指導数か月後の夏の甲子園大会では、11年前にはなしえなかった全国優勝を達成した。見事な功績だが、試合後に駆けつけた永野からの祝意に対しては、

「ありがとう。でもお前なあ、俺が本当に嬉しいと思うか？」

一緒に苦労して汗水たらした生徒たちとなら嬉しいが……ということだったのだろう。溝渕監督は、その年の春先に前任の監督が辞めたあとへ急遽就任したという事情があった。就任

は4月、夏の大会まで日数はさほどないというタイミングだった。野球部内にゴタゴタがあって、前任監督退任も絡んでややこしい状況があった。練習も円滑にできない日々が続いた。チームはバラバラ。それでも全国制覇を果たしたのだ。

「優勝を達成するまでの短期間に部員との融合や信頼感などを醸成するには程遠いと思われる実態だった」とも溝渕監督は話した。そして、「他から見ると何か白けた印象になるであろうな」とも。表向きは永野からの祝意に対して深謝していたものの、監督の胸の内は複雑だったようだ。

決勝戦は、山口県の早鞆《はやとも》高校と。しかし、高知高校は、この大会で主力の3選手を怪我で欠いていた。報道では「飛車角落ち」での優勝といわれた。そんな状態でも全国優勝できたのはどうしてだろうと、永野に聞いた。

すると、「選手への指導において、溝渕監督が冷静、冷徹へと一皮むけたということでしょうね。観察力と説得力が、選手の心を動かしたのかもしれないと考えざるを得ないですね」

その溝渕監督は永野にこう話したそうだ。

「わしがお前たちとともに苦労して練習や試合の戦局を見ているときとは違った。言ってみれば愛情がこもらない極めて冷静で覚めた第三者でいられたからだ、としか考えられない」

早鞆高校との決勝戦は、2対0で高知高校が勝った。おそらく「仕事」のように野球に向き合い、優勝請負人として、目の前のゲームにまるで将棋を指すかの如く挑んだと想像される。「飛車角落ち」の状況で勝ったわけだから、采配の妙があったに違いない。振り返れば、試合を決したのは、初回のホームスチールによる先制点だった。試合後、溝渕監督はこんなことを話したそうだ。

「初回走者3塁の状態で、投手の警戒感などはなくて、これはホームスチールがいける……。『即走れ!』のサインを出した」

このホームスチールでの1点は大きかった。溝渕監督は、土佐高校時代の思い出も併せて「お前たちとやった松山商との決勝戦の9回に、わしがあそこで冷静にタイムをかけていたら勝てたのではないかと、今でも悔いが残っている。一緒に混濁していたんやなあ。可愛いチームやからなあ。今回のホームスチールは、極めて冷静に第三者の感覚で見極めてサインを出したけど、お前らのときはできなかったな……」

溝渕監督は単純明快な野球をめざす。土佐高校が甲子園に出たときも、作戦サインはほぼオープンで相手方にも見えていた。たとえば、バントはベンチで立ち上がって、ベルトを摑む。盗塁は「走れ!」と右手を振る。スクイズバントだけはわからないように、たとえばスコアラーにスコアブックを立てるようにとか工夫はしていた。しかし、サインで「走れ!」と言われてもスタートが悪ければ選手はアウトになる。いいスタートを切れるよう、そこは選手の自助努力が優先される。サインを盗む、隠すは関係ない真っ向勝負。「相手にわかったごしやれ!(わかったなりにやれ!)」という野球を旨としていた。

各レベルで野球における作戦サインの使い方はさまざまだが、永野は「あれほど興覚めのものはないのではないかと正直思う。無駄な時間をサイン交換で費やして……と思わないことはない。もっと単純明快に試合が展開できれば人気も上がるだろうし、この点についての野球改革が必要ではないか?」と、ホームプレートの後方で裁いていたときも、そして、今でもずっと、そう思っている。

怪童・中西太

高校時代に、永野はキャッチャーとしてのちの大打者を目の前にした。あの日のことが今も忘れられないという。

プロ野球のオールドファンなら誰しも知っていると思われる西鉄の中西太選手。強打者・中西選手に初めて永野が接したのは、1951年(昭和26年)。中西が高校3年、永野が高校1年のときだった。中西ら高松一高が高知へ遠征したときに対戦することになった。その体軀のすごさと、見るからにパワフルな雰囲気に圧倒されたという。もともと中西は捕手だったそうだが、この時は3塁手だった。

その試合での土佐高校の投手は左腕・中田。速球派で鳴らしていた。高松一高の多くの選手が振り遅れていた。そこに中西登場。すると、ファウルボールを打ち上げた。打球は高く舞い上がった。球場のバックネットとホームプレート間は10メートルくらいか……。キャッチャー永野はファウルボールを追った。ボールはバックネットのだいぶ後方、スタンドの後ろの方に飛んでいったと思っていたら、ボールはそこからホームプレート方面へ放物線を描いて戻ってきた。理論上では放物線を描くことは飲み込めても、これほどまでに大きく曲がって向かってくるとは想像もしなかった。永野はその軌道が忘れられない。慌ててホームプレートの方へ後ずさりして、辛うじて捕球した。剛速球と豪快なスイングがぶつかり合うと、こんなにも変化するものかと驚いた。相当な回転数でないと、硬式ボールがあんな放物線を描くはずがない。永野は「怪童・中西太」のすごさを大ホームランではなく、そのファウルフライで知ることになったのだ。中西の打球の強さ、速さ、距離はその後、プロ野球界でも有名になった。

*中西太
174センチ、93キロ、右投げ右打ち。三塁手、一塁手。香川県高松市出身。1933年4月11日生まれ。高松第一高校→1952年西鉄ライオンズ入り（～1969年）。首位打者2回、本塁打王5回、打点王3回、最多安打2回、

ベストナイン7回。監督、コーチとして西鉄ライオンズ（１９６２〜６９年）→ヤクルトアトムズ（１９７１〜７３年）→日本ハムファイターズ（１９７４〜７５年）→阪神タイガース（１９７９〜８１年）→ヤクルトスワローズ（１９８３〜８４年）→近鉄バファローズ（１９８５〜９０年）→読売ジャイアンツ（１９９２年）→千葉ロッテマリーンズ（１９９４年）→オリックスブルーウェーブ（１９９５〜９７年）。１９９９年、野球殿堂競技者表彰。２０２３年90歳で逝去。

野球との出会い

野球人、永野の源流をさらに遡ることにしよう。

野球に初めて出会ったのは、小学5年生のころ、終戦後すぐだった。

「敗戦による終戦という、言語に絶する出来事に遭遇しながら居住地が戦火を免れたという幸運に恵まれたことが、結果的に野球との縁、つながりを持たせてもらうことに。今もって感謝している」と話す永野。家のすぐ近くには河原があり、野球ができるスペースがあった。そこで近くの仲間たちと、布でつくったボールを木刀や竹筒で打つ「三角ベース野球」を楽しんだ。手袋はあったがグローブはなく、次第に飽き足りなくなったという。ボールは布製からゴムボールへと進化し、布のグローブがその後、革製のものへとより使いやすく進化していった。

昭和22年頃には、木製バットも売られるようになっていった。

中等学校野球（今の高校野球）全国大会は、終戦の日からちょうど３６５日目に兵庫・西宮球場で再開した。廃墟から復興へ。高校野球を起爆剤に据えた佐伯達夫《さえきたつお》高野連副会長（当時）らのリーダーシップが発揮され、都道府県連盟が組織されたのだった。

戦後すぐは全国に高校は500校ほどあり、およそ2万人の野球部員がいた。その後の推移は省略するが、ピーク時はおよそ4000校、部員の数はおよそ19万人にまで拡大。しかし、近年の激減ぶりはご承知のとおり。最近の数字は、およそ3600校、13万人ほどになっているらしい。永野は「三角ベース野球」にのめり込んでいったが、野球は敗戦国日本では「敵対スポーツ」であるため、父親は初め断固として容認しようとはしなかった。それを、隠れて嘘をつきながら、そして半分バレつつもやっていたという。

父親は滅多に何も言わない代わり、爆発したら恐ろしい人だった。高知県庁務めで、土木建築関係の仕事をしていた。野球については、その父親とけっこう口論も交わしたとのこと。家の近くには練兵場があり、「敵対スポーツ」の国の進駐軍が駐留すると、馬にまたがって街へ出てくるので、米兵とは仲良しになっていった。野球で怪我をしたときには「泳いでいたときの怪我だ」と嘘をついたこともあった。また、乗馬をさせてもらうなかで落馬したことも。頭に傷を負い、父親にバレて徹底的にやられる羽目になってしまったこともあった。とにかく父親のいない昼間に何とかこっそり野球をやるという日々だった。嘘の多い少年時代であった。

中学へ入ってからは、野球は準硬式（トップボール）となり、学校としてチームが編成されて公式の大会もあった。永野の入った城西中学は好成績を残せるチーム力を徐々に備えていき、先述の通り、県大会では永野が3年生のときに優勝した。キャッチャーになったのはこの時で、打撃練習の際にキャッチャーがいなかったため急場しのぎでやったのが、そのまま定着してしまったらしい。

この頃になると父親は、あれだけ強烈に「敵対スポーツ」を嫌っていたのが、試合や練習を陰でこっそり見るようになっていた。母親には「お父さん、一体なんですか！」と突っ込まれていたという。比較的短期間の間に父親の態度に変化が生まれた。

球審・永野となる道は、野球と出会い、その魅力にとりつかれ、球児として白球を追いかけたところから始まっていた。もちろん、初めから「将来は審判をやってみたい」という目標があろうはずもない。選手としてがむしゃらに上のレベルをめざすのみ。夏の甲子園準優勝という栄誉と悔しさを味わい、当時、プロ野球より国民が熱狂していた東京六大学野球の舞台へ、高校球界を代表する「キャッチャー永野くん」は駆け上がっていく。

第二章　熱狂の大学野球、長嶋世代たち

野球雑誌のなかの長嶋茂雄

永野は、自分の大学時代の活躍を自ら進んで語ろうとはしない。「ほんまに、言われているほど私は大したプレーヤーではなかったんです」と口ごもる。よって、永野の大学時代の様子は世間から客観的にどう見えていたのか、当時の新聞や雑誌の記事、証言を集約してお伝えしたい。

「実家にこんなものがあったので見てください」というメッセージとともに、永野の自宅そばに暮らす娘さん（次女・奥田ゆち子さん）から段ボール一箱に入れられ送られてきた。それは、大事に保管されていた1950年代からの野球雑誌が10冊ほど。そのなかにある永野の大学時代の活躍が書かれている記事を見てほしいと、送ってくれたのだ。「大学時代の武勇伝を永野さんはなかなか話してくれないんですよ」と、それまでにこぼした私の愚痴を、ゆち子さんは覚えていてくれたのだ。

雑誌は、めくると表紙が取れそうなものもあり、慎重に扱う必要があった。それにつけても当時の大学野球ファンならだれもが知る目立つ選手だったことがわかる内容が、あちこちに散見された。これら野球雑誌は、関東在住の永野の親戚からある日、永野宅に送られてきたもので、永野が記念に購入していたわけではなかった。永野は後にこう語った。「大学時代の自分のプレーヤーとしての評価がそれらには実力以上のものとして書かれていて、本当の私の姿からは乖離した記事なので、そのような野球雑誌を買ってまで見る気にはならなかった」
ひょっとしたら、その生真面目さ、奥ゆかしさゆえに卒業後、プロ野球への道がつながらなかったのかもしれないなと思った。

野球雑誌の表紙は、どれも当時のプロのスター選手たちの笑顔で飾られていた。それぞれ目次を見ると、大学野球がどれほどの人気であったのかがわかる。プロ野球の話題と大学野球の話題が全体を二分していた。のちに国民的スターとなっていった現・ソフトバンク会長の王貞治さん、そして読売ジャイアンツ終身名誉監督の長嶋茂雄さんの2人がまだ高校、大学時代のころの話である。2人が大人気となる時代に突入するより前、東京六大学のスター選手たちはまるでアイドルであるかのような扱いを受けていた。芸能人ばりの

永野の次女・奥田ゆち子さんから送られてきた雑誌
早慶戦特集号の表紙を飾っているのは永野だ

写真もふんだんに掲載されている。そして、コンプライアンスもへったくれもない時代である。選手の住所が記載されていたり、私生活にまで踏み込んだ特集もふんだんに掲載されていた。恐ろしい時代だ。そんななかで注目した一冊は、大阪に本社がある「ベースボールニュース社」の雑誌「ベースボールニュース」。当時の値段は一冊80円だった。

1957（昭和32）年6月号の表紙は、ところどころ破れたり痛んだりしていて、透明テープで補修されていた。表紙の特集の見出しでひと際目を引くのは「五千万円の男　長嶋の実兄が語る真相！」の文字。黄色がベースの表紙に唯一赤文字で強調された浮き立つ一文だった。

長嶋といえば、繰り返しになるが、その後、国民的スターとなり、ヤンキースで活躍した松井秀喜氏とともに国民栄誉賞を受賞した長嶋茂雄氏のことだ。

恐る恐るこの骨董的価値の高いと思われる雑誌を開いてみた。

立教大学4年になった長嶋氏がどこの球団に進むかが注目されていたころの一冊だった。見出し、小見出しだけでもおもしろい。野球ファンなら興味をそそられるだろう。

「五千万円の男?」「長嶋よ何処へ行く」「実兄　武彦氏が語る真相はこうだ」「野球のために生まれた男」「地元　佐倉は巨人を熱望」「噂のほとんどはデマ」など。

こうしたなかで分析されていた長嶋氏の行き先は、巨人、南海、中日、毎日、大映、広島とあり、

後列左から吉田治雄（東大）、森徹（早大）、志貴正視（法大）、近藤和彦（明大）、
前列左から長嶋茂雄（立大）、永野元玄（慶大）

写真：ベースボール・マガジン社

最有力が巨人。根拠は、長嶋氏を最初にプロに勧誘しているからとのことだった。また、長嶋氏は「在京球団で優勝の可能性のあるチームを」という希望を持っていたようで、巨人有力説が大学4年の6月には大きな話題になっていた。

現在の形のドラフト会議が行われるようになったのはずっと後のこと。長嶋氏の兄・武彦氏がいろいろと記者の質問に答えていたインタビューの最後のやりとりは、こうだ。

記者「何時、発表のおつもりです？」

実兄「立大が秋のシーズンを終わって、関西の遠征の後に正式に発表するつもりです。ともかく、在学中に一度でも優勝させたいですね」

その長嶋氏とは同学年の永野。大学3年のとき、秋のシーズンで永野のいる慶應義塾大学野球部は、早稲田、立教、明治、法政、東大と覇権を争い、優勝を飾っていた。では、年が明け永野が4年になったその年の新チームはどうなっていくのかも、大学野球界の関心事の一つだったようだ。

「永野元玄物語」

「ベースボールニュース」1957年6月号には、見開きでこんなタイトルの特集も組まれていた。「慶応の新四番打者　永野元玄物語」。筆者は小泉磐於氏。長嶋氏の進路が一大関心事だったこの年に、「永野元玄物語」とはすごいではないか！　内容をかいつまんで紹介しよう。

「日吉のグラウンドからは、今日も青空に向かって白球乱れ飛んでいる。9シーズン振りに31年秋の優勝を手中に収め歓喜にわき返った慶大野球部も、すぐに新チーム編成への練習が待ち構えていた」

こんな書き出しで始まる「永野元玄物語」。前シーズンに優勝を経験した慶応の稲葉誠治監督、新主将の黒松選手、エース林投手ら全ナインの表情は、来シーズンに向けての覇気に満ちていたと文章が続いていくのだが、「永野がなぜか落ち着かない様子だ」と記事は指摘していた。

「普段、底抜けなほど明るく、リスのような茶目っ気のあるクリッとした瞳には、何か焦燥と不安の色がありありとうかがえる。その理由が何なのか……」

というのがこの物語の山へ向かっていく前に書かれていた文章だった。そして——。

『おやっ？』バッティングを終えた永野が、一塁の守備についたからだ。彼の左手にあるのは、愛用のキャッチ・ミットではない。新品のファースト・ミットなのだ。『ゲン、行くぞ！』稲葉監督のノック・バットからゴロが飛んでいった。が、他の野手のように、ボールはグローブの中に見事には吸い込まれない。左右にはじくボールは、まるで、永野をからかっているように見える。『畜生！』ずっとキャッチ・ミットに馴染んできた永野に、ゴロが、全く不得手だったのは分かり過ぎている。しかし、彼はボールに喰らい付いて行った」

大学4年になる直前に永野には、何とキャッチャーから1塁へのコンバートが言い渡されたのだった。そのことを今あらためて永野に聞くと、「突然のことで自分でもよくわからないまま4年生を迎えることになったんです」と言うだけで、多くを語ろうとしない。

しかし、この物語では、前年のクリーンアップトリオがそっくり卒業となった慶大にとって、永野の長打力は貴重であり、そのため、監督は永野を1塁にコンバートして4番に据える決心をしたのだと書かれている。その一方でこう書かれていた。

「それにしても、エース藤田とバッテリーを組み、慶応のために尽くしてきた永野からキャッチの位置を奪うのは、やはりしのびないことだ」

そして、「永野元玄物語」は、

ファーストにコンバートされた永野

「『やるぞ！』永野は心の中で大きく叫んだ。両親から譲り受けた土佐県人特有の血が、音をたてて躍動し始めたのである」と、秋・春連覇をめざす慶応・永野の物語を歌い上げていく。

その後、

「『四番　ファースト永野、土佐高校出身』4月20日、六大学野球第2週の慶明戦において、神宮球場の場内アナウンスは、今シーズンの新生・永野のスタートをファンに紹介した」

と綴られている。しかし、残念ながら明治大学との初戦で4番・永野のバットから快音が聞かれることはなく、池田投手の前に屈した。そして、翌日の明治との対戦2戦目で各投手を慶応打線が打ちまくり、大勝。永野は先制の3塁打を放ち4番打者としての役目を果たしたとあった。試合後の各社のインタビュー攻めにあう永野の横を監督の稲葉がニコニコ笑いながら通っていったと語られている。4年時の永野のファーストとしての船出は、読者の関心事と踏んでの大特集だったのだろう。さらに、慶大・4番永野のそれまでの歩みまでも、この月の雑誌には綴られていた。

永野の幼少のころからの歩みを紹介しよう。

永野が生まれたのは、雪の東京で陸軍将兵が起こした1936（昭和11）年2月26日の2・26事件の日。父・光美さん、母・政猪《まさい》さんの間に生まれ、光美さんはこの時、県庁の防災害協会に勤務。永野の上には2人の姉がいた。子どものころの永野は毎日、父親を迎えに行く駅の構内で機関車を見ているのが大好きで、馬に乗ることも得意、泳ぐことも得意だったという。

旭小学校から城西中学へ進み野球の味を知ったが、野球よりも傾倒したのは偉大な作曲家がつくったシンフォニーを聞くこと。大学時代もそれは趣味として続き、人生観に大きな役割を持っているものだと紹介されていた。この特集記事に書かれている「捕手になったきっかけ」だが、永野から私が聞いたのとはちょっと違っていた。記事によると「捕手になったのは土佐高校に入ってから、上級生の捕手が突き指をしたとき、いちばん近くにいたから捕手にされてしまった」ということだった。やがて永野は甲子園に3度出場、大型捕手として注目されることに。記事ではさらにこう紹介されている。

「優勝は逃した土佐高校だったが、永野が高校球界の花形プレーヤーだったことには間違いなかった」

そして、高校から慶應義塾大学進学に至る過程については――。

「やがて、早稲田大学に憧れていた彼が、高知の慶応大学冬季練習に参加することによって、慶大入学が決定した。慶応入学後、春のリーグ戦でマスクをかぶった永野をさらにクローズアップさせたのは、1955（昭和30）年秋の早慶戦だった。

エース藤田元司の最後のシーズンで、連投の彼が阪井監督に交代を言い渡されたとき『最後まで投げさせてください』と必死に永野が監督に頼んだ」とある。なぜそんな行動をとったのか？　記事を読み進めると――。

「悲運のエースとまで言われた藤田の大学生活最後のマウンドを飾らせたいという一念がそうさせた。藤田は力の限り投げ、そして学窓を去っていった。試合終了後、ベンチの隅で共に抱き合う2人の様子を見たものは、みな深い感銘に打たれた。しかし、その永野にも黒松という好敵手の出現によって、新しい有意義な苦労にぶつかった」と話は展開される。

黒松とは、先に述べた新チームの主将で正捕手の黒松俊一郎のことだ。しかし、「永野は立派に乗り切り慶大の新四番打者として再出発したのである」と永野元玄物語では称えたのち、締めくくりはこうだった。「苦しいとき、淋しいとき、ゲンゲンの沈みがちな気持ちを奮起させたのは、ベートーベンの英雄交響曲だった。あの困苦と希望の交錯したメロディーの中から浮かび上がってくる英雄ナポレオンの姿が、彼にどのように大きな励みを与えたか……それは読者のご想像にまかせよう」

以上が、永野が大学最終学年で組まれた特集記事の抜粋。かなり突っ込んだ取材が重ねられてはいるが、情緒的な文章で彩られた物語。このあたりが「自分の実力以上のことが書かれていて見たくない」という理由なのかもしれない。

「ベースボールニュース」の1957（昭和32）年6月号は、この永野の物語が書かれたページから1枚めくると「ファンの声」という読者メッセージになっていた。横道にそれるが、読者メッセージにはこんな声がある。「中日ドラゴンズのファンですが、伊奈投手の住所、生年月日、今年の目標は何勝、ぜひお答えください（名古屋市　佐竹）」これに対して、雑誌側が「伊奈勉投手　住所　愛知県宝飯郡御津町……」と、番地まで掲載しているのだ。大らかな時代だったことがあらためてわかる。

ちなみに、永野の最終学年のシーズンは、春も秋も長嶋氏率いる立教が連覇。慶応は2位、5位と残念ながらの結果だった。

いずれにしても、永野が当時の野球のトップレベルの選手としてプレーし、野球ファンを大いに魅了していたのは間違いない。

永野が語る大学時代

その大学時代に「心に残っていることを少しでもいいから教えてほしい」と聞いたところ、永野は以下のように語った。

◇六大学リーグ初打席

永野「昭和29年。入りたての1年生のときに春季リーグ戦にベンチへ入れていただきました。明大戦でした。8回か9回に阪井盛一監督から呼ばれて『ピンチヒッター行け』。心構えはできてなかったと思います。まさか……だから。すごい投手であることは先刻承知ではありましたが……。アンダー・スロー（サイドスロー）からの豪速球。空振り、次球も。誰が見ても三球三振！　間を置くこともなく投げられた球は真ん中高目の直球でした。必死にバットを振ったら投手前で高くバウンドして投手の頭上を超えて中前へ……。1塁へ到達した記憶と感覚は皆無。完全に舐められた投法で、それは当然のことでした。偶然と幸運に恵まれたに過ぎない一瞬でした。今考えると、このまぐれと幸運の巡り合わせで、次戦の東大戦に捕手として使ってもらい、2安打して自分でも驚いたことをはっきりと覚えています。今振り返ると、この大事なタイミングにものすごく甘い感覚を覚え、やがて原点を見失っていく起点であった、本当に恐ろしい天罰が当たった、当然の報いをのちのちまで引きずって、伸び悩んだと思っています。

後悔先に立たずの姿となってしまいました。そんな大学時代かと」

バッターとしても活躍した永野

◇のちの読売ジャイアンツ監督の女房役

永野「昭和26年頃から東京六大学野球は大変な人気を呼び、プロ野球を凌駕する勢いとなっていきました。次々に『スーパー・ヒーロー』が誕生し、絶頂期を迎え、昭和40年頃まで神宮球場には大観衆が入場しました。ヒーローは枚挙にいとまがないほどで、プロ野球の選手を卒業した大物が監督、コーチへと大挙して就任したので、まさに花盛りの時代だったといえるのではないでしょうか?

関根、杉下、広岡、小森、大沢、藤田、秋山、土井、木村、杉浦、長嶋、本屋敷、森……。往年の野球ファンのみなさんならこの名前は説明する必要はないと思いますが、大学野球からプロへと進み、日本の元気な時代を引っ張ったプレーヤーたちです。

慶応の2学年先輩にあたる藤田元司さんとの合宿所での同室は、2年間でした。合宿所への入室が叶い、その上、試合にも出していただける幸運に恵まれました。決して私に力量があったわけではないのに、どうしてそうなったのかは、今もってわからないことです。上手な先輩も多くおられたことだし……。正直、藤田さんが包み込んでくださったとしか思えないのです。

のちに藤田さんはプロへ行かれ、『球界の紳士』ともてはやされるようになりました。ところが、聞けば中学から高校の間は、『手のつけられない不良』、『硬派の悪』と言われていたそ

1955（昭和30）年、4年の藤田元司さんと2年の永野

うです。その関係で、受け入れる学校が手控えて2年間ブランクが生じていたと言われていたので、『紳士』への変身は特筆大書され、ご当人のご精進であったろうと信じて疑わないほどの合宿生活2年間でありました。

私的な話で気が引けるのですが、後に奥様となられる女性が、ときどき私たちの合宿所を訪ねられた際には雑用のお手伝い＝物渡しとかをさせていただいたものですが、何とも素晴らしく素敵なカップルで、こちらまで〝幸せ感〟を享受させてもらったものであります。在学中には紳士で、優しく、そして厳しい先輩であられました。

私は、残念ながらこの歳になっても引きずっている体たらく。一つのことへの集中力に欠けることが大きな欠点だと認識しています。藤田さんからは、このことを『ゲンゲンは大事なポイント、大事なタイミングのときにもっと集中して取り組めよ！』と教えられました。愛情溢れるご教導にもかかわらず、お応えできないことがままありました。リーグ戦中の大事な日に、日比谷公会堂のNHK交響楽団の定期演奏会へ出向いたり、早退してウィーン・フィルハーモニー管弦楽団の来日演奏会へ行ったり……。恩を仇で返す不埒な行為なども、やってしまったことがあったのです。

『要は、お前は集中力が足りないんだ！』

このお声が今も耳から去らない。劣等生だったなあと、他事とも思い合わせながら後悔と反省が去らない学生時代であります。

その、クラシック音楽との接点ですが、先ず申し上げねばならないのは、家族（妻、二人の娘、孫3人）は皆、楽譜が読めてピアノが弾けるのに、私だけそれができない。聴いて屁理屈を言うのは得意で、ただ聴くのが異常に好きなだけの人間なのです。なぜ楽器をやらなかったのか？今からでも遅くはないのではないかと思わないこともないのですが、いずれにせよ、次のようななりゆきで音楽と出会うことになりました。高知の実家の西隣に音楽好きの数歳上の方がおられて、しょっちゅうSPレコードをかけていて、音曲の音色が耳に入ってきていました。

『一緒に聴こうではないか』と勧めてくれて、渋っていたのですが、次第に『へえ！』と気持ちが動き始めて、少しずつ惹き込まれていきました。最初の推奨曲は『ラフマニノフのピアノ協奏曲第2番』でした。わからないままに耳を傾けるうちに次第に惹き込まれるようになって、レパートリーがみるみる増えていきました。あとはドンドンと……。SP→LP→購入→演奏会へと。わからないままにも音楽の魅力に惹き込まれ、何でも聴くようになったのですが、やはりとりわけクラシックのジャンルに惹かれて、現在も毎日、発達したツールと文化のお力にあやかって、錆つきかけて、悪化、退化しかかっている心と身体を、音楽の素晴らしい魅力に縋《すが》って後世を過ごしていきたいものと思っている次第です。間違いなく音楽の魅力と力は何よりも素晴らしいと思うし、その即効性は心を揺さぶってくれる宝物だなあと、素人でもそう思えます。音楽は本当の宝物、作曲家、音楽家はみんな天才だなあと思っています。先ほど聞いたニュースによると、ショパンコンクールで日本人はまた2位と4位に入ったとか……。嬉しい知らせでした」

＊2021年10月のショパンコンクール表彰式では反田恭平（27）が2位、小林愛実（26）が4位という快挙だった。その後2人は結婚。

神宮球場の人気者

さて、1956年6月号の野球雑誌を見ると、慶應義塾大学法学部3年の永野元玄捕手を神宮球場の人気者として紹介している。「永野が神宮の人気をさらったのは、2年秋のシーズンでの早慶戦だった」とある。1955年11月6日の試合だった。先ほどもちらりと紹介したが、もう少し詳しく述べることにしよう。

「慶応のエースで4年の藤田元司の右腕に託して迎えた2回戦のこと。好調であっても正直すぎるピッチングで1回戦で打ち込まれた藤田の胸中をわかっていた2年生の永野。バッテリーとして1年次から一緒に過ごし、合宿では枕を並べていただけに藤田先輩の気持ちは痛いほどわかったうえでの2回戦だった」

この試合で藤田のカーブは棒玉で早稲田打線の思うツボで打たれた。早稲田優勢で試合は進む。ベンチに戻った永野は汗を拭うようにして涙をふいていた。もどかしさからか……。それを藤田は見逃さなかった。

4回の守り。さらに藤田はピンチに追い込まれる。監督の阪井はブルペンから広野を招いて交代させようとした。むしろ遅すぎた交代だった。しかし、エース藤田の降板は、すなわち負けを認めるような意味を持っていた。プレートに近づく阪井監督。すると「監督さん。藤田さんに最後まで投げさせてください。藤田さんは最後です」五尺九寸二分（179・4センチ）の永野が、小さい監督の前で幾度かその長身を折った。藤田は続投となった。ここまで試合は0対3。慶応は完全に抑え込まれ、1安打のみだった。

6回表。慶応の攻撃。加藤、永野の連続ヒット。その後、加藤が牽制でアウトになり、佐々木の二塁打で永野がホームイン。1点を返す。そして7回。慶応は同点に追いつき、さらにランナー2人を置いて8番・永野。初球をたたきレフトオーバーの3ベースヒット！　ついに5対3と試合をひっくり返した。満場騒然となるなか、バッター藤田はレフトフライ、永野がタッチアップしホームイン。6対3。いつもカウントを数えてから打ちにいく永野にしては珍しく、初球打ちだったようだ。そして、「普段はあまり派手なことを好まない、どちらかといえばスポーツには不向きではないかと想像するほどの控えめな選手、それが永野なのだが、一度やろうと決心すると周りがとやかく言ってもやり通す性質の持ち主だから、彼はここまでの選手になったのではなかろうか」と記事は綴られていた。この試合、藤田は永野のひと言から立ち直り、その後球威を取り戻し、早稲田に1点も与えなかったのである。

また、記事は永野の人柄にも及んでいる。

「去年の明治の土井程の巧みさはないにしても、捕手らしい闘志とグラウンドマナーの良さは、これも人気のある選手にしては珍しく立派である。学校の成績も非常に良く、得意は語学で、特にフランス語は、クラスでも1、2番という成績と聞いている。最後に彼のバッティングについて一瞥してみよう。体力があるので、一発長打の威力があるが、打てるのは内角だけというのが結論のようだ。捕手の先輩には、早大の石本あり、後輩には、立大の片岡、明大の長嶋、佐々木と好捕手が揃っているリーグ戦で、彼の真価が発揮されるのは、いよいよこれからというところであろう」

これが、永野が大学3年のときの6月号で伝えられていることだった。選手としてのマナーの良さがわざわざ書かれているあたり、甲子園の審判としての「道」は間違いではなかったのだろう。こうしたプレーヤーでなければ、務められなかったはずである。「気は優しくて力持ち」という言葉がとても似合う人であると、今の姿からも感じる。

しかし、永野ほどのプレーヤーがどうして審判になろうと思ったのか？　その疑問は、さらに読み進めていただければ解消されると思う。
永野は大学時代には必死だったようだ。次のように話してくれた。

藤田先輩の足を引っ張る日々

永野「慶大1年時、秋のリーグ戦、東大戦で藤田元司投手とバッテリーを組んで、順調に滑り出していたところ、中盤から終盤にかけて都合2度空振り三振球を捕逸して、振り逃げ三振により走者を出塁させるという大失態をおかしてしまいました。捕逸球がストライク球であったのです。ワンバウンド球だとかならまだしも……。試合の勝敗には直接関わらなかったが、あってはならないミスです。

東大戦を終えた翌週の最初の練習日、滝川中学で別所毅彦（旧名・昭）投手の捕手であった阪井盛一監督から早々に呼び出し指名を受けて、ブルペンのホームプレートへ。マスク、プロテクター、レガース、カップを装備して、本塁上へ。そして監督は投手板へ。約18メートルを隔てて、そこから全力で捕手目がけて、ノック球を本塁上へ針の穴を通すが如くに容赦なく立て続けに、雨霰とばかりに約100球ばかり連打されました。ミットで捕らえるのは容易でなく、はたき落とすか、装具に当ててはじくのが精一杯という特訓。身体のあちこちにアザを残して、特訓は1回で一応終わりました。翻って、現代直近の投手の直球の速さ、または打球の速さ、速度を勘案すると、反発力を伴わないノック打球はこれよりも遅速だと思われますが、なぜか当時のノック打球の速さには追随しにくいと感じました。しかし、これは捕球術の稚拙さからの感覚差であったのです。つまり捕球術がいかに稚拙であったかという技術力の問題であったのだと、今さらながらに汗顔の至りです。

計測器の進展で今や打球の速度が丸裸になる時代、１６０～１７０キロ、大谷選手の打球の速さは何と１９０キロにもなるとか。それにくらべればはるかに遅いノック打球、当時の私がまさに捕球能力の低いチョロこい捕手であったことが丸裸になる体たらくであります。

藤田さんは、この時、新種の球筋を試しておられて、この球を『つまみ！』と呼んでいました。いわば、『スライダー』か、今でいう『カットボール』。球速は直球で、横へ滑っていく。したがって、下手な捕手だった自分には対応しきれなかったのです。確か、投法が『ボールを少しずらせて、ぎゅっとつまむ！』からの命名だったか。誠にお粗末な捕手でありました。あのノック打球の特訓のあとは、

藤田元司さんの女房役を務めた永野

人間の投げる球はへなちょこに映るし、打撃にもその効能を活かせるはずなのに、有効活用も思うに任せず、宝の山に入りながら進歩しないままにスクラップの山に埋もれてしまったというのが大学時代の野球生活であった、と自分では思っています」

立教大学、長嶋茂雄

長嶋茂雄世代ですが、2人の大学時代は……。

永野「長嶋茂雄氏は、昭和29年春に立教大学へ入学され、当時の名匠・砂押邦信監督の絶大な期待を背に、とりわけ厳しい指導を受けたとつとに有名だったが、それほどまでに飛び抜けた素晴らしい素質に恵まれた逸材であることは衆目の一致するところでした。

長嶋氏は昭和11年2月20日生まれ。私は同2月26日生まれ。私は慶大へ入学し同期であるが力量差は歴然。走る、投げる、捕る、打つ、どれをとっても秀でていました。リーグ戦であるから対戦は春季および秋季と年に2シーズン。1年生時代の対戦の概要を話したいと思います。というのは2年生になったときの長嶋氏の変貌が著しく、そのあとのことは味気ないものだからです。

私は1年生ながらキャッチャーとして起用してもらいました。たどたどしい立ち居振る舞いであったことは言うまでもありません。さて、慶立戦。当方投手は藤田元司さん。長嶋選手は6番打者だったでしょうか？　打席へ入る前の素振りの音たるやそれはすごい音と風圧（？）だったと記憶しています。春と秋のリーグ戦で6戦ほど戦ったはずですが、いざ実戦での対戦となると、結論から先にいえば、春・秋のリーグ戦を含めて、長嶋選手対藤田投手の対戦成績は、たぶん6、7打席で空振り5三振ほどであったと記憶しています。それは藤田投手の投法として、2ストライクに追い込んだあと、意図的に頭上近くへ投げる釣り球に引っかかっての空振り三振を割とたやすく奪えたからです。じっくり見送られたのではそうはいかなかったはずですが、さしもの天才打者でも球威と配球に惑わされたのでしょう。

秋のシーズンにも同様の場面が見られましたが、2年生になった翌シーズンからはパタッと釣り球作戦は無効になったのです。今度はガンガン打たれる対戦状態へと変貌。釣り球は全く通用しなくなっていました。あとは言うまでもなく……」

長嶋茂雄選手の東京六大学リーグ戦でのホームラン記録が7号に到達してからスランプ気味とかで、過去の記録保持者の宮武三郎氏、呉明捷《ごめいしょう》氏のそれを追い抜けない状態が続いていたが、1957（昭和32）年秋のリーグ戦、最終戦の慶立戦の2回戦で待望の8号が生まれた。この試合は、初の立大春・秋連覇がかかっていた。そして、見事に8号が花を添える形で連覇は達成された。当時の神宮球場は現在よりも左右両翼のスタンドが遠く、その上ボールの飛びがよくなかったため、現在の30号近辺の事情とは異なっていたといわれる。この8号は、弾丸ライナーのように低く尾を引いて、レフトポールを巻きつけるような打球であった。永野は、1塁手として打球を見届けた。完敗だった……。

春・秋連覇にこのホームラン。その時1塁上にいた永野。長嶋選手は打席を出て間もなく大ジャンプ。そして眼前のベースを踏みながらジャンプ。そして2塁へ、同じ状態で3塁、ホームへと。嬉しさと達成感を全身に表現したベース一周。長嶋選手はプロ時代もいつも天真爛漫な姿が代名詞。「残念ながら傍観者にならざるを得なかった最終学年のリーグ戦であった」と永野。

言わずと知れた3塁手であるが、長嶋氏は大柄な体躯を柔らかく俊敏に臨機応変に使って、守備、走塁においても秀逸。実は同期生で東大の3塁手だった金谷信《まこと》選手は、永野によくこう話してくれたそうだ。「長嶋君は東大戦になると毎イニング守備に着くたびに、自分の守備範囲の地面の土を必ずスパイクでならすんだよなあ。なぜって俺は体が小さいし、非力で肩も弱いので前進守備をするからなんだけど。彼の守備範囲の前のグラウンドがいつも掘れてるんだよなあ。『ゴメン、ゴメン』とはいつも言うけどね、悪くって」。そして、「そんなことで目くじらを立てる長嶋君ではないが、長い間ご迷惑をかけたものだ……」と紳士の金谷選手はいつもながら、爽やかに言っていたそうだ。

東京大学野球部の忘れられない大投手

「アンダースローの大投手＝岡村甫《はじめ》選手の東大野球部在学中の勝利記録は空前絶後のものではないか、そう思われる大記録なのでお伝えすべきかと思う」と永野は強調する。

東京六大学リーグ通算71試合登板、17勝35敗、防御率2・82、120奪三振。

東京六大学野球における東大の存在は、文武両道面の厳しさから、強力なチーム編成がままならないと、よくいわれる。約100試合に近い連敗を喫している姿を見ても頷ける。

この岡村投手の活躍した昭和30年代にも戦力的には極めて厳しく、補強もままならない状態は同様だったかと思われる。野球は投手の存在によって勝敗への影響度が8、9割もあるといわれるが、岡村投手は正にその力量によって、弱体化したチーム戦力を拮抗させる大役を果たし続けたことになる。

「17勝という勝利数はとてつもない数字と実績だと感じる。私は、この数字に一役買っているかも」と永野はほほ笑むのだった。

永野と岡村投手とは同じ土佐高校で、岡村投手が3年下級生に当たる。高校では重なっていない。1957（昭和32）年のリーグ戦の東大対慶大戦で、初登板した岡村投手。永野はこの時のことをこう振り返る。

「こともあろうに、その最初に対峙したのが先輩の私だったんですが、結果は、ものの見事に空振りの三振。幸先のよいスタートを献上してしまったんです。その後への影響や如何に？と今もって勝手に憶測しています」

見事な投球術を持った名投手だった岡村氏は小さな体で大活躍。のちに東大野球部監督・部長も務めた。

そして永野に特筆すべき人はと問うと、東大野球部については、大越健介氏の名前も挙げた。NHKを退職後、2021年10月からテレビ朝日の「報道ステーション」のキャスターを務めていらっしゃる。大越氏は東大の投手として8勝を挙げているのである。また、学生代表として日の丸も背負って投げている。

永野「私は大越さんのインタビューを受けたことがありますが、ナイスガイだったことを記憶しています。東大で8勝は本当に本当にすごいですよ」

他局の報道番組ながら「ニュースステーション」「報道ステーション」は、久米宏氏、古舘伊知郎氏、大越氏とそれぞれの個性にあふれたいい番組だと思う。スポーツコーナーでのコメントの鋭さや視点は、プレーヤーとして活躍した大越氏ならではの信頼感がある。特に野球においては聞いてほしいことを聞いてくれるし、見るべきものはここだと違和感なく視聴者に伝えてくれる。素晴らしい水先案内人だと感じる。

＊岡村　甫《はじめ》
高知県出身。東京大学大学院工学系研究科土木工学専攻博士課程修了。東京大学工学部学部長、高知工科大学第２代学長を経て高知工科大学理事長。東京六大学野球連盟元理事長。

札束見せられプロ野球へ……とはならず

「プロ野球からの誘いがあったのではないですか？」と聞くと、永野はこう答えた。

永野「失礼ながら『他人を見たら泥棒と思え！』というお袋からの私への戒めはこの歳になっても手放せないものです。この言葉を親にもらうこと自体が、プロに行かなかった背景にあると言っていいと思っています。母は、私が気が弱く、お人よしの性格であることを見抜き、あえて『他人を見たら泥棒……』と言うしかなかったのだと思いますが、お人よしで成功するプロ野球選手なんていない。厳しい競争に勝つには難しい性格であると自己判断していた次第です。

ところが、ある球団からのお誘いを受けたことがあったんです。

１９５８（昭和33）年の年末のことです。その年の春に慶大を卒業して、住友金属工業へ入社していたのですが、『近鉄』からのお誘いを受けたのです。ドラフト制度はずっと後年からですが、それまでは個別のスカウト制でした。その時のお話の内容は、低迷している球団からの脱皮をめざして、球団名の『近鉄パールス』から『近鉄バッファローズ（猛牛）』に変えて、監督には千葉茂さんを迎えるとのことでした。

さらに、『千葉さんのイメージから猛牛を名乗ることにした。その勢いで突進することにした。その一翼として加勢してほしい』というものでした。それに対しては、ありがたいお話ではあるが、『自分にはその能力はないので、ご辞退したい』と返答させていただいたのです。しかし、交渉は一度で終わらず、数回に及びました。提示された条件のなかに、将来は出向社員になってもらえるようにする、というものがありました。近鉄という大会社であり、現役選手を辞めたあと、社員として雇用するから、という破格のお話をもいただきました。その上、契約金としての手取りでウン万円と札束も見せられました。提示額は世評で同時期の選手たちの相場を上回ったものだったと思います。そこで、単独で断るべきところだったのでしょうが、やはりここが情けないところですが、高知に住む父親に相談してしまったんです。すぐに飛んできてくれて相談に乗ってもらった

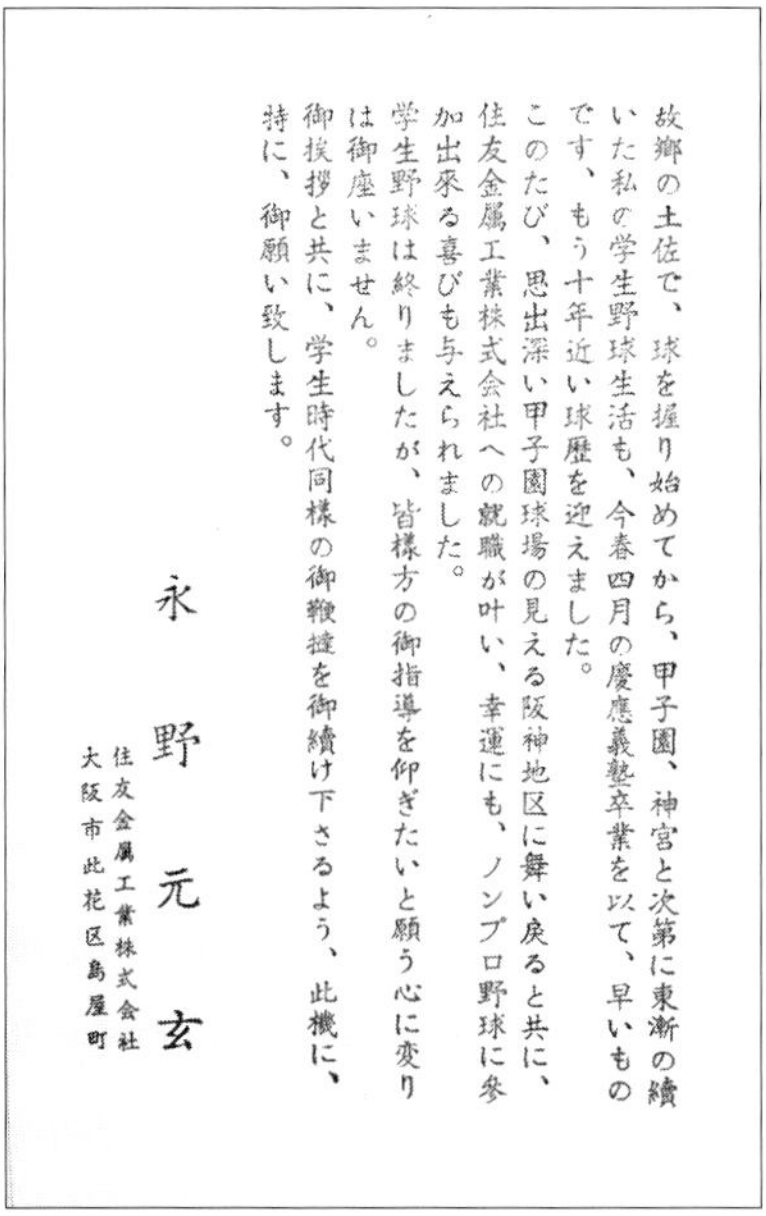
故郷の土佐で、球を握り始めてから、甲子園、神宮と次第に東漸の續いた私の学生野球生活も、今春四月の慶應義塾卒業を以て、早いものです、もう十年近い球歴を迎えました。

このたび、思出深い甲子園球場の見える阪神地区に舞い戻ると共に、住友金属工業株式会社への就職が叶い、幸運にも、ノンプロ野球に参加出來る喜びも与えられました。

学生野球は終りましたが、皆様方の御指導を仰ぎたいと願う心に変りは御座いません。

御挨拶と共に、学生時代同様の御鞭撻を御續け下さるよう、此機に、特に、御願い致します。

大阪市此花区島屋町
住友金属工業株式会社
永野元玄

永野が就職時に出した挨拶状

のですが、父親は私見は言わず『お前の好きなように』ということでした。

確かに心が動いたし、迷った数日間を過ごしたなかで、住友金属に入社するに当たってお世話になった先輩とも相談しました。すると、『お前はプロ向きではない』とはっきり強く言われました。これで吹っ切れ、あらためて先方へ丁重にお断りを申し上げて落着した次第。

その後、仕事の傍ら職場の理解を得て審判をさせてもらいました。そして現役の審判として、30年を境に退かせてもらったんです。あの時プロ野球の世界へ入っていたら一体どんな風になっていったのだろうか？　高校野球に関わった現在の状態が最善だったように思っているんです。後悔はありません」

懐かしの日吉グラウンド

永野の娘、次女のゆち子さんは、父・永野との夏の出来事を振り返ってくれた。いい時間だったようだ。

2022年8月9日朝、永野とゆち子さんは、京都から新幹線に乗り移動、新横浜に降り立った。目的は永野の思い出の地・慶應義塾大学日吉グラウンドの訪問だった。関東地方に暮らす永野の甥・山本哲男さんも合流して3人で訪れることになった。東急目黒線の日吉駅には、慶應義塾大学野球部のマネージャーがわざわざ車で迎えに来てくれた。車内に入るとマネージャーは開口一番、こう言った。
「昭和28年に準優勝された永野さんなんですか？」
永野「あなたは何年生？　どちらの高校から？」
マネージャー「ぼくは3年生で茨城県の明秀日立《めいしゅうひたち》高校です」
永野「ああ、今年出てるね。大学3年生ということは、高校生のときに甲子園に出てる学校だね」
マネージャー「そうです！」
彼はとても嬉しそうだったという。
「高校野球は見ない」と公言している永野だが、こんな情報はきっちり引き出しに入っているんだと、ゆち子さんは大変驚いたと言う。

そして、車は慶應義塾大学日吉グラウンドに到着。

この日は風がとても強かった。見上げると慶応の校旗が力強くはためいている。３人が歩いて行く先に、慶応のユニフォームを着た人が見えた。

「お久しぶりです！」

その人は慶應義塾高校元野球部監督の上田誠さん。上田さんは選抜77回大会で、慶應義塾高校が岡山・関西高校と対戦したときの監督だ。その試合は、春にもかかわらず、激しい雷を伴う豪雨のなかで行われ、8対7で慶応が勝った。永野は慶応OBとして客席でこの試合を見守った。

「本当に素晴らしい、すごい試合だったね」と永野は当時を振り返り、上田さんに興奮気味に語りかけた。すると今度は上田さんが「この2人が土佐高出身の1年生です！」

初々しい青年2人が笑顔で挨拶をしてくれた。永野が訪れることがわかっていて、土佐高校出身の部員とともに待っていてくれた心配りに、3人は感激した。

この日、慶応大学Aチームは北海道のキャンプに行っていて、Bチームが明治学院大学との練習試合をここ、日吉グラウンドで終えたところだった。Aチームには監督が同行しているため、上田さんがBチームの監督として来ていたというわけだ。

蟬の声で会話が遮られるほどのグラウンド脇で、永野が上田さんと数人の残ってくれていた選手に「3つだけ……」と話を始めた。

その内容は概ねこうだ。

●【3つの直角】

①投げるとき、投げ手の手首は直角に。伸ばしたままだと撓《しな》りも余力もないが、こうすればためと余力を得られる。

②捕球のとき、手首が直線だと捕球への対応がきわめて狭められる。

③打つときに、投げられたボールに対してバットが直角に当たるとヒットの確率が高くなる。

●【走塁について】

バッターは左回りで走塁するが、少しでも速く、脚がもつれたりしないためには、右足でベースの左手前の隅っこを踏んで駆け抜けることが大事。

●【盗塁について】

盗塁する際、いいスタートを切るための方法として、右足爪先を少し開き加減でオープンにしておくとスムーズにスタートでき、成功率は上がる。だが、牽制球への対応とのバランスを自分なりに編み出すこと!!

1塁走者は牽制球で帰塁する際、1塁ベースをゴールとせず、ベースの向こうをゴールと思い、ゴールに到達する気持ちで走る。これだけでタイムは縮まる。

リードを大きくと誰しも思う。しかし、アウトにもなりたくない。そのためのイメージとして、リードの幅を仮想することが大事だ。

長年審判として、走塁全般を見ながらこのわずかなタイミングの差が勝敗を分けた瞬間を数多く目撃したからこそ、言っておきたいことだったようだ。試合後、汗びっしょりの状態で話を聞いてくれた年の離れた後輩たちに、永野ら3人は礼を言い、別れた。

その後、グラウンドをゆっくり一周。ずっと校旗がはためいている。すると、唐突に永野は「選抜77回の慶応対関西の雷雨の試合で勝利したあとの校歌斉唱で、校旗が今日と同じようにはためいていたな」と振り返り、「見よ　風に鳴るわが旗を」と口ずさみはじめたのだった。

「名曲」慶應義塾塾歌とは……。

慶應義塾塾歌

（富田正文作詞、信時潔作曲／昭15）

1　見よ　風に鳴るわが旗を
新潮《にいじお》寄するあかつきの
嵐の中にはためきて
文化の護りたからかに
貫き樹てし誇りあり
樹てんかな　この旗を
強く雄々しく樹てんかな
ああ　わが義塾
慶應　慶應　慶應

2

往《ゆ》け　涯《かぎり》なきこの道を
究めていよよ遠くとも
わが手に執れる炬火《かがりび》は
叡智《えいち》の光あきらかに
ゆくて正しく照らすなり
往かんかな　この道を
遠く遥《はる》けく往かんかな
ああ　わが義塾
慶應　慶應　慶應

3

起《た》て　日はめぐる丘の上
春秋ふかめ揺《ゆる》ぎなき
学びの城を受け嗣ぎて
執る筆かざすわが額《ぬか》の
徽章《しるし》の誉世に布《し》かん

生きんかな　この丘に
高く新たに生きんかな
ああ　わが義塾
慶應　慶應　慶應

これは校歌ではない。塾歌。慶應義塾高校は試合に勝ったときに、高校の校歌ではなく塾歌を歌うことになっているそうだ。甲子園ではアルプス席だけではなく観客席のあちらこちらから勝利すると塾歌が聞こえてくるという。

現在の日吉グラウンドは、永野が学生時代にプレーしていたグラウンドとは場所が違っているらしい。少し移動しているようで、3人は元々あった場所を探そうとしたけれど、住宅地にでもなってしまったようである。

この日、永野は卒業以来、実に64年ぶりに日吉グラウンドに立った。「別にそれまで行く用もなかったからね……」。関東にいる親族に久しぶりに会うついでに、ゆち子さんたちに「そう何度も関東には出てこられないから」と勧められ足を延ばしたのだった。これまで大学OBとの太いつながりが途切れることはなかったというが、母校のグラウンドに出向いて先輩風を吹かせる永野ではなかった。

第三章　神様がつくった試合「球審は永野」

1979年8月16日、箕島対星稜の一戦

「30年間審判をやらせていただきましたけど、文句なしに箕島対星稜の一戦がいちばん強烈すぎるくらい頭に残っています」

永野はこれまで取材を受けた新聞、雑誌、テレビのインタビューでそう語ってきた。

1979(昭和54)年の61回大会3回戦、箕島高校(和歌山)対星稜高校(石川)の延長18回の激闘を、球審として裁いたのが永野だった。そして、永野のとった行動がこの試合の一人の選手の人生にその後、大きく影響した。どんな試合だったのかを繙《ひもと》きたい。その試合は「神様がつくった試合」として語り継がれている。

永野「1979年8月16日。夜まで晴れたり曇ったり。最低気温が約27度、最高が約35度。試合開始のころには風が強く、つむじ風のような吹き方でした。

このあと浜風は収まり、夕凪へと。そして、そのあとの蒸し暑さは格別でした。私はひどい汗かきなので、試合後に測った数値では4キロほど減量していました。あの日は、約2試合分に相当する汗を1試合でかいたと思われます。それはそうなりますよね……。

試合開始早々、珍風景が生まれました。というのは、グルグル回るようなつむじ風のせいだったかと思います。確か2回表かインプレー最中に、風に流されて1塁側ベンチ辺りからか、は

たまたスタンドからか、新聞紙が空を飛んで、内野の投手と捕手の間辺りへふわっと飛んできたのです。もちろんタイムをかけて取り除こうとしたのですが、強い風の影響でフワフワ、ヒラヒラ。追いすがって行きましたが、これは手こずるなあと思ったので、空振りしないよう着地した瞬間を狙って、右脚のスパイクでパッと新聞紙を踏みつけて拾うことに成功しました。何かその仕草が滑稽だったのでしょう、スタンドからどっと笑いが……。恥ずかしかったのですが、まずはめでたく一件落着でした。この試合の観衆は３４０００人ということでした」

この日は大会9日目。永野の担当は、第４試合。

前の試合が延長戦になったこともあり、開始時刻は午後4時を回ったころになった。

春・夏連覇を狙う和歌山代表・箕島高校に石川代表・星稜高校が挑んだ3回戦の試合は、1対1のまま延長戦に。甲子園球場にはライトが灯され、あのドラマがついに始まる。箕島の圧倒的有利といわれていたなかで、星稜が果敢に挑んだ試合はシーソーゲームになった。この時、球審・永野は不思議な思いを抱いていたと証言する。

永野「審判としてあってはいけないのですが、あの試合だけはどうしてもその試合のなかに引きずり込まれていく感覚に襲われました。1球1球をつなげて見ないよう切り離して見るよう心掛けました。つながりのなかで見ると興奮するので、1球1球をいかに切り離すか、自分をコントロールするのに苦労したことが思い出されます。

試合は、先攻の星稜が1点取ると、その裏に箕島が追いつく展開が3度あり、18回までの攻防には特筆すべき場面がいくつか展開されました。

サイドに近い右下手投げの箕島のエース石井毅投手は、淡々としていました。春の選抜大会優勝投手で4季連続の甲子園。石井投手は4回1死後、星稜に3連打で1点を先制されましたが、落ち着いて後続を断った。その裏、すかさず箕島が同点に追いつきます

「当時のチームには、すぐに取り返す雰囲気がありました」(箕島・石井投手)

永野「最少失点に抑えて味方の反撃につなげる投球術が身に付いていた石井投手でありました。1対1で延長戦へ」

12回表

永野「1死1塁。フルカウントから外角直球がわずかに外れました。箕島・石井投手が初めて四球を与えて1、2塁に」

「流れやリズムが微妙に変わった」(石井)

永野「2塁への緩いゴロを、高熱を押して出場した主将の上野山善久選手が後逸。2塁走者の生還を許しました。星稜が1点を取ったのです。茫然と立ち尽くす上野山選手。しかし、ここも箕島は1失点だけ」

12回裏

永野「その裏の箕島は、すでに2死走者なしに。最後のバッターになるかもしれない嶋田宗彦捕手が打席へ。すると、タイムを要求。タイム宣告？　はて？と私は思いました。そして、1塁側自軍ベンチへ行った嶋田捕手。尾藤《びとう》公《ただし》監督にひと言ふた言声をかけて、バッターボックスへ戻ってきました。

プレー再開。すると2球目を快打。レフトポールを巻く見事なライナー性のホームラン。起死回生の劇的なバッティングでした。そして、試合は振り出しに」

「カーブが真ん中高目に。フェンス直撃かと思ったら、超えた……」（星陵・堅田投手）

永野「後日談ですが、あの時ベンチへ帰って、尾藤監督と嶋田捕手はどんな話をしたのかというと……」

嶋田「監督、ホームランを狙っていいですか？」

監督「よし行け！」

永野「尾藤監督から聞いた話ですが、『嶋田が目の前へ来たとき、実は敗戦の弁、インタビューでどうしゃべろうかを考えていたところだったんです……』と。追い詰める星陵。はねのける箕島。〝神様がつくった試合〟は息をのむ展開に」

14回裏

永野「思いもしない出来事が起きました。箕島の森川康弘選手が3塁の塁上で星陵の『隠し球』でアウトになったのです。このアウトになる経過とその前後の展開が試合の全体の流れに微妙に影響することになったと言っても過言ではありません。

星陵・堅田外司昭《かただとしあき》投手は、1死2塁で牽制球を狙い通り2塁へ投げましたが、走者の森川選手は3塁に突進、ディレードスチールでセーフとなりました。しかし、その後、3塁手の若狭徹選手が返球してこないので、堅田投手はピンときたと言います。

『やるのか？　隠し球』

マウンド付近で時間を稼ぐと、離塁した森川選手を若狭選手がタッチした。

この時、3塁ベース付近でアウトを宣告した審判は、達摩《だるま》省一さん。私は、目を疑いました。達摩審判の見事な見極めとその宣告の瞬間にです。ホームベースの後ろに立つ球審の私は、星陵の若狭選手のグラブの中に『隠し球』が企まれていることを知らなかったのです。達摩さんは担当塁とはいえ、きっちりと確認しながらその推移を見守っていたのです。

箕島の森川選手は、ヘッドスライディングをしてセーフとなりました。達摩さんは塁上に泥だらけで立っている森川選手の顔の泥を少しでも拭ってあげたいと思いながら、ポケットからタオルを出していたそうです。

当の森川選手は顔の泥どころではなく、自軍ベンチと本塁を窺うなかで、3塁を離れたのでありました。ベンチから出るかもしれないスクイズバントのサインを注視していたそうです。

森川選手は、後年、こう語っています。

『達摩さんが「顔を拭うよ」と言ってくださったが、「ありがとうございます」と言いました。

しかし、審判の方にそんな滅相もない……』と。

瞬時の対話が3塁上で交わされていたのです。

この裏話を私が聞き知ったのは、試合から35年も経過した2014年のことでした。そして達磨さんは、2016年に鬼籍に入られたのですが、キャリアの長い達摩さんの野球生活のなかでも、とりわけ心に残る瞬間だったと語っておられました。

死闘の大熱戦でタオルをしのび持つ達摩省一さんの在りし日が偲ばれます」

16回表

さて、〝神様がつくった試合〟はさらに進み、2対2の16回表。試合開始から3時間半ほどが経過。星稜は2死1、3塁から右翼線へのタイムリーヒットで再び1点を勝ち越す。箕島にしてみれば1点は仕方ない一打。

ここで箕島・ライトの久保元司選手が好守を見せた。ファウルゾーンに跳ねた打球を懸命に掴み、長打を阻止。久保選手はあらかじめライン寄りに守っていた。抜けていたらもう1点失っていたといえる。箕島・石井投手は、なお走者2人を背負ったが、次打者は三振に仕留めた。

16回裏

永野「箕島打線を向こうに、この試合を一人で投げ抜いてきた堅田投手が、簡単に2アウトを取りました。ついに試合が決着するときが……。私も心の準備をしていました。箕島敗色のムードが濃いなか、打席には、14回に『隠し玉』で3塁上でタッチアウトになった森川選手。

『カキーン』

打球は1塁方向へ力なく高く上がり、ファウルグラウンドへ……。星稜のファースト、加藤選手が追いかける。万事休す……かと思われましたが、次の瞬間、加藤選手は足がもつれ、ボールはグラブをすり抜けた。

『ファウルボール』

土と人工芝の境目に足がひっかかり転倒したのです。

この人工芝は、春先にそこへ敷き詰めたものだと後日、わかりました(何という不運!)。その後、加藤選手の長い長い苦悩の歳月が続くことになったと聞き及んでいます。しかし、その後、立派に活躍されていることを知って安堵しています。

加藤選手のこのプレーは、ボールがミットに触れていないので落球ではないのですが、イージーフライではありました。そのシーンを球審として見ていた私ですが、26年前に自分が今立っている場所の数十センチ前のホームプレートの上で捕球していれば土佐高校が全国優勝だったかもしれない、というあの瞬間を思い出しました。ファウルチップを落球、そして敗戦。あの瞬間が重なって、何とも複雑な気持ちになりました。

九死に一生を得た箕島。力投していた星陵・堅田投手はというと……格別に変わったことは何もありませんでした。立派だと思いました。そして、これは大変なことになったなとも思いました。

さらに、18回で両校引き分け再試合になってほしいとまで思いました。

当然、個人的な感情を出してはいけないのですが、ここまで両校が同じだけの力を出していたわけです。また、下馬評とは反対に、星稜優勢で試合が進んでいたので、そういう思いになっていきました。

すると、1塁へのファウルフライを打った直後の箕島・森川選手。

左中間へ柵越え！　まさに起死回生のホームラン！　箕島がまた崖っぷちで追いついた。

森川選手にとっては、直前の隠し球でのアウトを帳消しにする、言葉には言い尽くせない巡り合わせの展開となったのでした。

石井投手は『久保のプレーがなかったら、森川の一発も奇跡にならなかった』と振り返っています。バックにもり立てられながら、彼は『1点を取られてから、どう抑えるか』を貫いていました。

この日、スタンドにおられた作詞家の阿久悠さんは、史上最高の試合とまで紙上に記述されていました。奇跡のようなことが2度、3度起きた稀有な試合展開でした」

18回表
永野「3対3の同点。ついに最終回。この回を終えて同点なら当時の規定で引き分け再試合となります。星陵は1死後、ヒットが出てランナー1塁。堅田投手が打席へ。すると、記者席へ向けての『引き分けの場合、明日8時半から再試合』とのアナウンスが耳に。私は、うわあ！ そんな殺生な！と思いました。翌日の最終試合にするとか、なぜできないのかとも。当然、両校の選手たちにとっては肉体的にも厳しい状況でした。堅田投手は、『えっ？ もう、あまり寝られない』と思ったようです。

『ならば決着を……』と見事にセンター前ヒットで好機を広げました。そして、堅田投手がこの回、セカンドベース上に立ったあとに、甲子園球場にアナウンスが流れました。

『引き分けの場合は翌朝8時半から再試合を行います』

19時40分頃であったでしょうか。

堅田投手は『俺、明日また朝から投げるのかと思って不意に力が抜けた』と語ったと後日、聞きました。そして、星陵は2死満塁までチャンスを広げ箕島を追い詰めました。

しかし、箕島・石井投手は中指のマメがつぶれているなか、渾身の直球で最後の打者を空振り三振にとった。18回表、星陵得点ならず。石井投手が投じた球は257球。被安打19。そのすべてを単打にとどめ、16三振を奪いました。その裏の守備についた堅田投手も、蒸し暑い夜と夕凪のなかで、すでに200球近く投げていました。『明日朝再試合』のことが、大きな負担になったことは容易に想像できます」

18回裏

永野「箕島、最後の攻撃。ホームプレートの後ろから眺めると、堅田投手の呼吸が上がっていました。投球は明らかに上ずったボール球が多くなって威力を欠いていました。四球を2つ出したあと、箕島4番の上野山選手への208球目は、ストレート。左中間へ痛打されてサヨナラゲームに……」

「内角を狙った直球が真ん中高めにいき、カーンと打たれた」（星稜・堅田投手）

永野「4対3で箕島の勝利。準々決勝進出が決まったのです。そして、箕島は準々決勝で東東京代表の城西高校を4対1で下し、準決勝の横浜商戦は3対2で勝利。決勝は徳島・池田高校を4対3で破る。その夏、史上3校目の春・夏連覇を達成しました」

1979年夏　3回戦（8月16日）

星稜	000	100	000	001	000	100	—3
箕島	000	100	000	001	000	101X	—4

「神様がつくった試合」のあとで

波乱に富んだ目まぐるしい試合展開、幾度かの奇跡的な場面。午後7時56分。試合が終わり、球場を照らすカクテル光線が半灯となり、ようやく選手が退場し始めた。

「素晴らしい試合に立ち合わせてもらったことに感謝した」と言う永野。

敗戦投手となった堅田投手は、余計なプレッシャーまでも背負いこんで18回を投げ切った。実にマナーよく、善戦敢闘（完投）したことに敬意を表し、ひと声かけさせてもらおうと思い立ったと言う。そして、大会関係者にボールをもらい、手渡そうと決めたのだった。

グラウンドから退場し、階段から地下通路へ来た堅田投手を呼び止めて、「もう一度グラウンドを見ておいたら」と声をかけた。堅田投手は、すぐに階段を上がり、ほんのしばしグラウンドをながめ、そして球場の明かりを目にした。

永野は、用意したボールを渡し「ご苦労様でした」と、ひと声。そのボールは激戦の痕跡を残したボールで、星陵がまだ負けていなかったときのものだった。

堅田投手は、箕島との試合から数年経ったのちに高校野球の審判として、再びグラウンドへ帰ってきた。そして、18年間甲子園大会ほかで奉仕し、2021年8月の第103回大会をもって引退。この間、2015年の高校野球100周年（97回）大会では、ソフトバンク会長・

王貞治氏の始球式を介添えし、３年後の１００回大会でも決勝戦で球審を務めた。

なお、永野から堅田投手に審判になる勧めをしたことはないそうだ。


両チームは試合後、宿舎へ帰ってからはどうだったのか……。

永野は後日、それぞれの監督から直接その様子を聞いていた。

箕島は、全員が涙が止まらないほどに泣いたそうである。

負けた星稜は、ドロドロのユニフォームを脱いで、山下智茂監督が「飯食う前に、まずみんなで風呂入ろう」と。そして全員が校歌を歌い始めたそうである。

山下監督は、「よっぽど校歌を歌いたかったんだなあと思いましたよ」と、永野に教えてくれたそうだ。

また、この日、8月16日は京都五山の送り火の日だった。市内の5つの山に「妙」「法」「大」などのかがり火の文字が浮かび上がる。永野はしばらく見ていなかったが、久しぶりに家族と「観覧しよう」と、その日の朝に約束して甲子園に出かけていた。が、こんなことになるとは思ってもいなかった。

試合が終わったのが、午後7時56分。大文字への点火時間と偶然にも同じ頃であった。あれからもう40年以上が経過した。

不思議なのは、甲子園大会でテレビに永野が映っている試合でも、家族はほとんど見ておらず、音声だけを聞き、試合終了時刻を把握して、帰宅時刻を推し測っていたという。それが家族が試合を中継するテレビをつけていた理由で、「不思議な我が家の環境です」と永野はポツリと言う。

次女のゆち子さんはこの永野の「試合を見ない家族の話」を受けて、こう話してくれた。

「高校野球どころか野球自体あまり興味のない家族でしたので、父の審判中は、特にテレビを積極的につけるムードはありませんでした。ただ、母が『9回くらいになったら教えて』と言っていたので、大体の時間を見計らってテレビをつけて確認していました。

逆算して食事の用意をするためでした。その料理も、永野の『今日はちょっと食べて帰ることになったから』の電話でガックリ、必要なかったか……のことも多々ありました。

そして、帰宅直後に『お土産……』と母に渡すのは汗でずっしり重い着替え。母はこのやりとりをけっこう楽しそうにしているように感じていました。そして、永野家はレジャーのない家でした。

父の審判のことなどがあり、子どものころの旅行の思い出は記憶にありません。特に母はインドア派で、一人では動けない人だったので、娘をどこかに連れて行ってくれることもなく。そして、そのまま大人になり、姉が結婚で家を出ることが決まったときに、『家族で旅行しよう』

ということになり、4人で金沢に行きました。母と姉と私は、冬の金沢に行くためにコートを新調して張り切っていました（笑）。

父が審判を務める高校野球のテレビ観戦についてですが、実は引退する1、2年前くらいから私はこっそりテレビで見ていました。というのも、父が年をとってきて夏の暑さが心配で……。審判が倒れて試合に差し障ったら大変ですものね。ゲームセットになるたびにホッとしていました。姉妹の妹である私は、ときどき『男の子だったらよかったのに』と人から言われることもありました。父はどう思っていたでしょうね……」

一方、姉ののり子さんは「神様がつくった試合」についてこう話してくれた。

「私は箕島高校の石井投手のファンだったので、あの試合はずっと観戦していました。父がミスしないか、ハラハラしながら見ていました（笑）」

甲子園の審判の家族もまた、それぞれに思い出を刻む春と夏なのである。そして、球審としてあの日、計465球を見守った父親の雄姿を娘たちがしっかりテレビで見守っていたということを、永野は知らなかったようだ。

スポーツ新聞での報道

永野宅には翌日の各スポーツ新聞が保管されている。その色褪せた新聞の一面トップには、こんな文字が躍っていた。

「同点2発！　奇跡箕島18回サヨナラ」

「星稜も箕島もファンも泣いた」

「これが甲子園」

「3時間50分の熱闘のドラマ」

「球史に残る投魂　石井257球　堅田208球」

そして、メインの写真の横には「延長18回　箕島一死一、二塁、上野の左前打で二塁から辻内ヘッドスライディングでサヨナラのホームイン」と説明の一文。

ホームに向かって両手を広げ、プールに飛び込むようなポーズで辻内崇志選手が写っている。その右にはホームベースを前にした星稜のキャッチャーの背中と、見極める球審・永野の背中。そして、談話がこう書かれている。

負けた星稜の山下監督

「勝ちたかった。勝たせてやりたかった。いや、絶対に勝ちたかった」（絶句してすすり泣き）。

その他、選手の言葉も何人か掲載されているが、勝った箕島の石井投手は、

「どういって今の気持ちを表したらいいのかわからない。細かいことははっきり覚えていません。星稜はとにかく粘っこいチームでした」

そして、永野球審の話としてこう記されている。

「16年間、甲子園で審判しているが18回なんて初めてです。両校ナインとも気力にあふれ少しも長く感じなかった。ただ、選手に迷惑をかけたくない思いで必死でした。ああなったら判定は別にして両チームとも負けさせたくなかった」

永野の人柄がよく表れているコメントだ。

試合は、その後も甲子園を代表する名勝負として語り継がれることになったのだが、この日の新聞では「過去の甲子園名勝負」が4試合紹介されていた。

第18回（昭和8年）準決勝　中京商―明石中は高校野球史上、最長試合。

0対0のまま延長25回まで続き、中京商がサヨナラ勝ち。4時間55分に及ぶ熱闘。

そして、次が第35回（昭和28年）決勝　松山商―土佐高は、九死に一生を得て松山商が勝った試合という書き出し。そう、永野の苦しみ続けることになったあの試合が、名勝負として紹介されているのだ。自分が裁いた延長18回の名勝負とともに同じ一面での紹介だった。松山商は2死1、2塁から空谷が三振。しかし、かすかにバットに当たったボールが土佐・永野のミットからポロリとこぼれ、その後同点の殊勲打、そして延長13回決勝点をもぎ取り土佐を振り切った、となっている。この記事を永野はどんな思いで見たのだろう。

あとの名勝負は第40回（昭和33年）準々決勝、徳島商―魚津。

選手の健康管理のため延長18回引き分けの規定適用第1号の試合。両校とも無得点、徳島商・板東、魚津・村椿の一騎討ちは今なお語り継がれる。再試合では徳島商が3―1で勝っている。板東はその後、プロに進み引退後はタレント、解説者として活躍した板東英二さんのことだ。

そして、名勝負の4つ目は第51回（昭和44年）決勝、松山商―三沢。

決勝戦では史上初めて延長引き分け、再試合。再戦では松山商に勝利の女神がほほ笑み、4―2で三沢を下したが、三沢・太田幸司は四日間連投、45イニングを一人で投げ抜いた。その太田は、この記事が掲載された1979年はプロ野球・近鉄のエースとして活躍。箕島―星稜の試合について自分のときと比較しながらこんな内容の談話を寄せていた。

「ピッチャーにしてみればケリがついてよかったんではないか。僕のときは引き分け再試合だったが、あのまま決着がつくまでどんどん投げさせてほしかった」

球審・永野が裁いたこの箕島―星稜戦は、過去のドラマも浮かび上がらせ、さらには永野自身の現役時代も蘇らせてしまう格好となった。

ちなみにこの一面の構成は、右端に小さくプロ野球の順位表がセ・パともに紹介されていて、「大混戦セ！　2厘差に中日・広島・阪神」「王　空砲23号」となっている。

箕島奇跡の18回サヨナラ勝ちには、プロ野球も隅に追いやられても致し方なしか。

主役たちのその後

この試合の「主役たち」について続ける。

箕島高校の石井選手と嶋田選手のバッテリーは、ともに社会人に進み、永野が副部長を務めていた住友金属野球部で都市対抗野球優勝を果たしている。

さらに、箕島と星稜のナインは卒業後も交流を続け、何度も「再試合」を行っている。両エースの465球をジャッジした永野は、両校の仲の良さに目を細める。

「私は、たまたまあの試合に巡り合わせてもらっただけ。本当に宝物をいただきましたよ」と話す。

そして、星陵の堅田投手は「永野さんに声をかけてもらい、ボールを受け取ったことが、審判になることにつながっていった」と、実は話している。

高校卒業後は松下電器（現パナソニック）で選手としては結果を出せず、マネジャーに転身。築いた人脈を生かして審判へ。2003（平成15）年に審判として甲子園デビュー。永野の心遣いは、一人の選手のその後の人生に強烈な印象を残した。それは、土佐高校時代に苦い思いを味わった甲子園で、次の世代へしっかりと気持ちを伝える永野の姿勢が生み出したことかと感じる。堅田投手に思いを受け止めてもらえたということではなかろうか。

また、永野は、箕島高校の名将・尾藤監督との話を引用してこんなことも教えてくれた。

永野「球技のなかで人間自身が得点をする、生還してくるというスポーツは野球くらいです。サッカー、ラグビー、バレー、バスケ、ハンドボール、いずれもボールを使って点を取り合う。野球はどうでしょうか？　人がホームに帰ってきて、ホームイン。それを防ごうとしたり、打ち破ろうとしたりするスポーツなのでドラマが生まれる。自分の仲間を次の塁に送ってあげたい、前へ進めてあげたいという気持ちが生まれる競技なので、敗者にも得るものがあるはず。そして、いい審判とは存在を全然感じさせない審判のことです。見ていて抵抗感がないということ。今のはボール？　えっ！　ストライク？　そんなことを思われない試合。残念ながら私がそんな状態で終えることができた試合は一度もなかったと思っています。お恥ずかしいことです」

確かに、故・尾藤監督がおっしゃっていた通りで、ボールゲームにおいて、人の足で移動し、ベースに触れることで得点が加算されていくのは野球以外に思いつかない。バスケットであれば激しいぶつかり合い、ボールの奪い合いは行うも、得点はボールがバスケットゴールに入ることによる。バレーボールは相手のコートにボールを落とすこと。サッカーはゴールにボールを入れること。ラグビーとアメリカンフットボールが少し違い、ラインを超えてボールを運ぶことができれば得点。野球はホームランでも結局、選手がダイヤモンドを一周してホームに帰ってこないと得点にならない。あとの進塁打などによるシーンでは必ず、塁上にいたチームのメンバーが先へ先へと進み、得点を奪うことを試みる。ドラマが生まれるわけだと納得する。

「神様がつくった試合」は、野球ファンが節目節目で甲子園の名シーン、名勝負を振り返るときにいつまでも話題にのぼる。

甲子園の100回大会を記念した「甲子園レジェンド始球式」なるものが行われたときの話。箕島のピッチャーだった石井毅(現・木村竹志)さんがマウンドに立った。その試合の球審は、対戦相手の星稜のピッチャーだった堅田さん。堅田さんがコールして石井さんが投げる。激闘を繰り広げた両チームを代表して、エースがこの立ち位置で向かい合うのは、永野があの日に球審でいたからだ。「審判になってほしい」とはあの日の堅田さんにひと言も伝えていなかったものの、堅田さんが永野を含め、甲子園から受け取ったメッセージは彼自身のなかで熟成され、誰もが想像しない形でまた甲子園のマウンドを前に実現した。この始球式をひっくるめ「神様がつくった試合」と呼ぶべきではなかろうか。

39年前のエースだったこの2人が甲子園のマウンドで握手する姿を、その日、甲子園に招かれていた永野は、内野席からじっと見守った。もちろん感慨深い再会シーンではあったが、「1球で試合の展開を変えてしまうような場面で判定する、よくあんな仕事、やってたなあ」。そう永野は回顧していた。

木嶋一黄氏のスランプから飛躍への軌跡

あの「神様がつくった試合」の舞台裏では、実は永野が動揺する出来事が起きていた。観客には全く関係のない内輪中の内輪の話なのだが……。

1979年の夏の甲子園大会会期中のこと。

その日、審判割り当てが決まり、「さあ」という状況のなかで同僚審判員の木嶋一黄《いっこう》さんから「今度の試合の割り当てから外してほしいのですが……。よろしくお願いします」と、球審に当たっていた永野のところへ申し入れがあった。耳を疑った。「どうして？　何故？」を連発したという。ちょっとやそっとで動く気配はない。そして、当該試合の1塁審判の小林さん、3塁の達摩さんへと3人に、同様の要請をしてきた木嶋さんだった。

永野は翻意を強く促した。しかし、頑として受け入れない状態が翌日まで続いた。

（早く落着しないと試合に間に合わない……）

そんな経過を経て、ようやく「うん」と木嶋さんは言ってくれたのだった。

そこに何があったのかは傍目ではわからなかったが、本人は頑なに辞退し続けた。あとでわかったのだが、それまでに木嶋さんはずいぶん悩んでいた。他人にはわからない苦悩を抱えていた。単にスランプと言ってしまえば単純な話かもしれないが、奥深いところで「審判委員としての在り方など」について苦悩していたようだ。

木嶋さんが以前から尊敬しているという小林さん、達摩さんが同一クルーであるにもかかわらず、翻意を促されても「ウン」とならなかった裏には、審判への取り組み姿勢やジレンマがあったのかと推測される。ちょっと前には自身のマスクやレガースなどの用具を小林さんへ謹呈したいと申し出ていたと、永野は後日、小林さんから聞き知ることになった。責任感が強い木嶋さんならではの苦悩か……。その頃、木嶋さんが試合で何か大きなミスをしたといったことはなかった。

その木嶋さんが辞退を翻意して出場した試合が、箕島対星稜戦。球審の永野は本塁の後ろから正面に見える木嶋さんの姿と動作を、目を皿のようにして注視していた。数日前の混迷が嘘のように感じられる姿だった。そして、この試合が稀に見る奇跡的な展開に終始した試合であったことも加担したと思われるが、そんな試合に巡り合い、完全に蘇った木嶋さんの姿がそこにあった。しかし、「辞退を翻意した裏には並々ならぬ決意と再出発への強い気持ちが込められていたに違いないから、どんな試合であれ蘇ったと思います」と永野は言う。さらに、「スランプというものがどういうものなのかは摑みどころがないけれども、何か吹っ切れたことによって、新たな決意が湧き出てきたのだと思います。そして意欲的な勉強と研鑽へと打ち込むことによって得た『財産』は、その後も増幅の一途を辿っていったのだと考えられます」

この話を聞くと、あの「神様がつくった試合」に関わったそれぞれの人に、あの日、大小を問わず、都合の悪いことも嬉しいこともいろいろあったのだと思う。そんなこんなもひっくるめ激闘にみんなが関わり、手に汗握る時間を共有できたのである。

第四章　審判道「誤審はいくらでも……」

レジェンド球審、郷司裕さん

永野「野球人、そして仲間として最も尊敬した、尊敬している方は郷司裕《ごうしひろし》さんです。そのお人柄と野球に取り組む姿勢に対してです。ご好誼いただいた年数は都合50年間にわたり、親しく接することを得ました。

最初の出会いは、昭和29年。慶大へ入って1年生のときのリーグ戦でした。郷司さんが球審として、捕手の私はすぐ傍で判定していただいたのが出会いです。入学早々のことで、右も左もわからないなかでした。球審の方の個性や特徴が微妙に異なるのは、つまり、言葉は悪いのですが、クセがあるのは『当然』と思っていましたが、試合はルールと審判（球審）の判定によって進行するものなので、捕手としては、球審の方の特徴をできるだけ早く把握することが避けられません。しかし、かすかにではありますが、65年前のその試合のことは、その判定の正確さと安定感において何の抵抗も感じなかったことを覚えているんです。この時の投手は、これまでもお伝えしている大先輩、藤田元司さんでした。

野球の審判は球審と塁審、外審があり、それぞれの役割があります。球審はその判定の頻度において圧倒的に役割を多く担います。ルールは一つで、投球への判定はそれにそったものですが、ここで生まれる一つの問題点は、空間における投球の軌跡を追って判定するということは、その都度その都度でバラツキが生じやすい要素を含んでいることです。同じ球筋が、さっきは『ボール』、今度は『ストライク』……のように一貫性に欠ける判定をすると、選手を困惑させます。

球審が最も重視すべき点は、同一試合のなかでは一貫性をもって同じ判定をしてあげることです。そうすることによって、選手は安心して、任せてプレーできるわけですが、判定が安定してバラツキがないと、投手も安心してきわどい球を思い切り投げられます。逆にいうと、バラツキがあると、安全にストライクを取りにいくため、打ち込まれる可能性が増えることになります。これは、審判の判定が投手心理に影響を与えていることになるわけですが、こうならないことが肝要です。難しいことではありますが……。繰り返しますが、試合が終わって、周りから見て、『今日は審判いたかな?』と思われるような試合ができればベスト。判定に違和感を持たれない安定した運びであったといえるのです。

捕手として現役時代に多くの試合を経験しましたが、一貫性のある判定がなされた試合は安心してプレーできたものだと私は思います。逆に、『ええ、そんなひどい!?』と煮え湯を飲まされた判定にもたびたび遭遇しました。『ストライク』と思うのに『ボール』と判定されたとき、それも大事な一球の折りには、捕球した姿勢をそのままに3秒間ほどじっと保持してから、『もういっちょう来い!』と言いながら返球したものです。

東京六大学リーグ戦で、郷司さんの球審に当たったのは、数回あったと思います。きわどい判定はたびたび発生しました。郷司さんとは最初の試合ではもちろん対話していませんが、その後はイニングの合間の予備投球のときに、私は前方を向いたまま『さっきのは、外れてますか？』と質問を投げかけたことも。『外れてたと思う』と、禁じられている対話を互いにしたものです。そんな接し方をするなかで、急接近が叶い、別の対話の機会に判定論議を交わすことができました。

実は、私が成人したあと、リーグ戦が終わったある時に郷司さんと一献傾ける機会をいただいたのです。忘れもしない東京・自由が丘駅近くの飲食店でした。そこで初めて、野球論議、判定論議を交わすことが叶ったのですが、この機会が何とも有意義で勉強になりました。そして、それが後々の私の礎となったことを強烈に覚えています。穏やかなお話のなかにエキスがいっぱい詰まっていました。そして、この機会をキーにして、自分も審判をめざそうと審判への伏線となった気がしています。

郷司さんは野球殿堂入りをされるほどの方。野球への熱情と愛着、そして審判に対する哲学的な考察と取り組みは、私にとってはまたとない鑑でした。そして、特に高校野球への思い入れと眼差しは温かくも厳しいものでありました。お言葉を拝借すると、『高校野球の審判は、校庭の片隅で服装を整え、試合が終わったらまたそこで汗を拭って、着替えをしたらそっと帰っていく』、そういうものであると常日頃言っておられました。

郷司さんの寄稿文に『ルールと運動家精神』というタイトルのものがありました。実は、然る審判講習会へご一緒したときのことですが、甲子園の常連出場校の監督が数人、練習のモデルチームが3校参加していた講習会だったと思います。そのなかで、郷司さんが話された、投手のボーク（欺瞞行為）の講話は実にわかりやすくポイントをついた説明でした。そして、質問の時間となり、多くの監督とコーチから質問が出されました。この時出た質問はすべて、『この動作は、ここまでは許されるのか？』というものでした。いわば姑息な質問ばかりであったといえます。

これを受けて、普段穏やかな郷司さんが声を荒げて言いました。

『ルールはルールブックに書かれている通りだよ。どうしてそういった質問をするんだよ！そんな精神で野球をやっているのか!!』

すごい迫力と説得力でした。郷司さんの真骨頂でした。

ボークのルールは投手の基本的で極めて重要な規則であります。投手には自分がボールを所持している有利さから勝敗への有利さを誘導しようとする、非スポーツマン的な行為・動作がややもすると出がちでもあります。しかし、これは許されないことなのです。毅然とたしなめられた郷司さんは、素晴らしいレジェンド球審だったと言い切れます。

ちなみに、高校野球甲子園大会における決勝戦の球審担当は郷司さんの場合32度と聞いて

春夏の甲子園決勝戦を裁いた球審（1963年～2018年）

1963年	第35回記念春 山本英一郎	第45回記念夏 米谷道雄
1964年	第36回春 山本英一郎	第46回夏 山本英一郎
1965年	第37回春 米谷道雄	第47回夏 米谷道雄
1966年	第38回春 郷司裕	第48回夏 郷司裕
1967年	第39回春 郷司裕	第49回夏 郷司裕
1968年	第40回記念春 郷司裕	第50回記念夏 郷司裕
1969年	第41回春 郷司裕	第51回夏 郷司裕(再試合も同様)
1970年	第42回春 郷司裕	第52回夏 郷司裕
1971年	第43回春 永野元玄	第53回夏 郷司裕
1972年	第44回春 郷司裕	第54回夏 郷司裕
1973年	第45回記念春 郷司裕	第55回記念夏 郷司裕
1974年	第46回春 永野元玄	第56回夏 郷司裕
1975年	第47回春 郷司裕	第57回夏 郷司裕
1976年	第48回春 郷司裕	第58回夏 永野元玄
1977年	第49回春 郷司裕	第59回夏 郷司裕
1978年	第50回記念春 永野元玄	第60回記念夏 山川修司
1979年	第51回春 郷司裕	第61回夏 郷司裕
1980年	第52回春 元橋一登	第62回夏 永野元玄
1981年	第53回春 郷司裕	第63回夏 元橋一登
1982年	第54回春 永野元玄	第64回夏 永野元玄
1983年	第55回記念春 西大立目永	第65回記念夏 郷司裕
1984年	第56回春 永野元玄	第66回夏 布施勝久
1985年	第57回春 中西明	第67回夏 西大立目永
1986年	第58回春 布施勝久	第68回夏 中西明
1987年	第59回春 田中美一	第69回夏 布施勝久
1988年	第60回記念春 永野元玄	第70回記念夏 布施勝久
1989年	第61回春 布施勝久	第71回夏 本郷良直
1990年	第62回春 布施勝久	第72回夏 三宅享次
1991年	第63回春 永野元玄	第73回夏 永野元玄
1992年	第64回春 永野元玄	第74回夏 布施勝久
1993年	第65回記念春 永野元玄	第75回記念夏 永野元玄
1994年	第66回春 田中美一	第76回夏 木嶋一黄
1995年	第67回春 清水幹裕	第77回夏 田中美一

1996年	第68回春 木嶋一黄	第78回夏 田中美一
1997年	第69回春 清水幹裕	第79回夏 木嶋一黄
1998年	第70回記念春 岡本良一	第80回記念夏 岡本良一
1999年	第71回春 桂等	第81回夏 木嶋一黄
2000年	第72回春 岡本良一	第82回夏 木嶋一黄
2001年	第73回春 中本尚	第83回夏 桂等
2002年	第74回春 杉中豊	第84回夏 岡本良一
2003年	第75回記念春 桂等	第85回記念夏 桂等
2004年	第76回春 赤井淳二	第86回夏 岡本良一
2005年	第77回春 桂等	第87回夏 赤井淳二
2006年	第78回春 赤井淳二	第88回夏 赤井淳二（再試合も同様）
2007年	第79回春 桂等	第89回夏 桂等
2008年	第80回記念春 赤井淳二	第90回記念夏 赤井淳二
2009年	第81回春 長谷川次郎	第91回夏 日野高
2010年	第82回春 若林浩	第92回夏 古川泰史
2011年	第83回春 日野高	第93回夏 長谷川次郎
2012年	第84回春 橘公政	第94回夏 若林浩
2013年	第85回記念春 窪田哲之	第95回記念夏 窪田哲之
2014年	第86回春 橘公政	第96回夏 古川泰史
2015年	第87回春 若林浩	第97回夏 古川泰史
2016年	第88回春 田中豊久	第98回夏 古川泰史
2017年	第89回春 戸塚俊美	第99回夏 野口敏行
2018年	第90回記念春 宅間寛	第100回記念夏　堅田外司昭

います。私は遠く及ばず14度でした」

＊郷司《ごうし》裕《ひろし》

1932年生まれ。北海道出身。明大野球部時代から審判として技術を磨き、卒業後は高校、大学、社会人のさまざまな大会で審判を務めた。特に高校野球では、1969年夏の松山商業対三沢高の決勝戦と決勝再試合で球審を務めるなど、春・夏を通じ、数多くの審判を任された。現役引退後も、審判員の技術向上に尽力、また、後進の指導にも力を注ぐなど、審判指導者としてアマチュア野球界の発展に貢献した。2006年逝去。2017年時、野球殿堂特別部門表彰。

【審判への道】序の序①　捕手と球審について

特に球審と捕手は密接な関わりとなる。球審は、投手の投球に対して1球1球「ストライク」か「ボール」、あるいは「ハーフスイング」ほか種々の判定を宣告する役割を負っているわけだが、空間を飛来する投球と打者との位置関係によって判定するのだと、永野はこれまでも言ってきた。

判定はより正確で統一性、一貫性が求められる点が極めて重要。球審はこのポイントが最も求められる。実際の試合では、力量差のあるチームの試合の場合、現実にはルール通りきっちりと判定していたのでは「ストライクが入らない」などという実態があり、極端にいえば試合が終わらない、進捗しないなどというケースが出てくる。

それではどうするのか？　球審・永野のやり方はこうだった。

結論からいうと、臨機応変に運用し、機会均等にストライクゾーンを広げて対処するやり方を実践したという。ルールを曲げるのはおかしいではないかと思われるかもしれないが、やはり試合は完結させなければならない、どうしても運用によって対処せざるを得ないのだと話す。

ルールブックによると、規則書2・73「ストライク」は、次のような投手の正規な投球で、審判員によって〝ストライク〟と宣告されたものをいう、とある。この表記では、ストライクのルールはあっても、「審判員によって〝ストライク〟と宣告されたもの」が優先されるということが謳われているのだ。運用の妙ということだろう。

「ベースボールの本場、米国のルールに組み込まれているのに、妙味があるのか……」

永野はそう呟いた。映像確認のためのチャレンジは2023年、WBCでも採用され「源田の1ミリ」という言葉が検索ワードのトレンド入りをしたが、セカンドベース上の微妙な盗塁をしてきた走者へのタッチの判定。検証の結果、セーフがアウトに覆り、女神は日本チームにほほ笑んだ。しかし、基本的にはストライク・ボールの判定は審判員の宣告通りである。いちいちチャレンジはない。機械の目によってより公平になったことは喜ぶべきであると思う。

しかし、人間が判定するからこそ、勝負の綾が生まれることは間違いない。選手にとっては一喜一憂の場面の連続で、時に不運もある。気の毒だ。それが「野球だからね」と笑い飛ばせる日がいつか来ることを、苦悩した選手たちにはエールとしてお伝えしたい。

【審判への道】序の序② グラウンドの教育者たれ

永野は「ほとんど薄れた記憶であるが」と前置きしながら、「捕手として『球審との密接な関係』を頭の片隅に今でも留めているのは不思議議です」と言う。中学のときは微小、高校になってからは相当に関心の度合いが膨らんでいったことをはっきりと覚えていると言う。自身が判定にうるさく、素直ではない捕手であったことを自覚しているとも言う。言い換えれば、1球1球に厳しい視点で対応していたということになるが、高校時代はそんな感覚で審判員と対峙し、審判の感覚とは裏腹に投球を見ていたということになろう。地元の高知大会、四国大会、そして甲子園大会でプレーできた好運にも恵まれ、多くの審判員の判定に触れた永野。その過程で、審判への道をめざしたいという意識と願望、熱意が少しずつ膨らんでいくのを次第に自覚していったのを覚えているそうだ。そうして、先述した、六大学リーグでの球審・郷司さんとの出会いが本気の発火点になっていった。

永野は1958（昭和33）年春に慶大を卒業して、住友金属工業（現・日本製鉄）へ入社。「住金」

社会人野球団で6シーズンを過ごした。会社での担当業務は、鉄道車両の台車（車輪、車軸ほか）を当時の国鉄、私鉄へ販売すること。鉄道車両用の車輪は「住金」でしか製造しておらず、いわば独占販売。鉄道の安全の根幹をなす製品だけに、極めて厳しい規格による製品だった。ちょうどその時代は車両の軽量化が叫ばれ、どんどんと変革が起こったそうだ。それがいいことばかりではなかったと言う。たとえば、安全のキーを握る台車のあちこちに亀裂が発生し、安全を脅かす重大な問題を惹起した。これによって脱線ほか大変な事態を招くことになった。会社としての対応は喫緊の問題だったので、昼夜なしの激務を強いられた永野たち。鉄道会社からの軽量化要請が根本にあるとはいえ、対処は欠かせないものだった。

　そして、1964（昭和39）年春、日本高野連から甲子園大会の審判員（高野連では「審判委員」と呼称）を引き受ける意思はありやなしやの打診を受けることになった。佐伯達夫《さえきたつお》高野連会長の面接を受けた。かねてから高校野球の世界に携わりたいと考えていたところへ、まず教えられたのは、「高校野球の審判委員」としての心構えだった。

　佐伯「あんたが野球が上手いか、審判ができるかどうかは知らない、しかし、あんたはグラウンドで学校の先生の代わりができますか？」

　佐伯から最初にそう言われたという。要するに「高校野球の審判は、単に判定するだけの役目ではないんだよ」と言いふくめられたのだった。あまりにも重い言葉だったと振り返る。

単に審判の技術ではなくて、生徒たちといかに接するか、指導者ともどう接するのか……。どうするのがいちばんいいかを、常々考えることが求められたのだ。

そして、社業の傍ら毎年春と夏に甲子園へ通う、30年に及ぶ審判生活の日々が始まったのだ。審判は「グラウンドの教育者たれ」、これが座右の銘となっていった。

【審判への道】序の序③　職場への迷惑は最小限に

1964年春の選抜高校野球大会（3月下旬～）から審判員として初めて参加することになった。住金在籍のままの参加で、その後、それぞれの勤務地から大会中の審判用務へ参加することになった。勤務地は以下の通り。

1964（昭和39）年3月～1966（昭和41）年2月　大阪（住友金属工業）
1966（昭和41）年3月～1968（昭和43）年10月　東京（住友金属工業）
1968（昭和43）年10月～1974（昭和49）年4月　大阪（住友金属工業）
1974（昭和49）年4月～1975（昭和50）年4月　東京（住友金属工業）
1975（昭和50）年4月～1981（昭和56）年3月　鹿島（住友金属工業）
1981（昭和56）年4月～1983（昭和58）年3月　和歌山（住友金属工業）
1983（昭和58）年4月～1986（昭和61）年7月　高松（住友金属工業）

1986（昭和61）年8月〜1991（平成3）年9月　大阪（住友金属工業）
1991（平成3）年10月〜1996（平成8）年6月　大阪（共英製鋼）
1996（平成8）年6月〜2003（平成15）年9月　大阪（太陽鉄工）
＊審判現役は1994（平成6）年8月まで。その後は審判規則委員会→常任理事→顧問に。

住友金属の社内での活動は、スポーツではバスケットボール、バレーボール、野球などがあった。文化系では合唱などがあり、それぞれ「団」と呼称されていた。いずれも勤務のなかで容認されての活動だった。昭和の企業スポーツの代表的な形態といえようか。審判員の扱いはまだ制度化されておらず、最初は試合に出向くときは有給休暇をとって参加していたという。しかし、必要なときは自由参加をしてよいとの方針が示された。もちろん無給だった。

各地方によって異なるということだが、高校野球の地方大会は日当が支給され、甲子園大会は無給である。ただし、遠隔地から甲子園に入る審判員には宿泊費と交通費の実費が支給されていたそうだ。

審判用務で職場を離れるときには、業務関係者への挨拶と引継ぎなどが欠かせない。「毎度、心苦しい思いにかられていました」と永野は言う。多くの職場や、それぞれの業務の仲間には、お願いやらお詫びやら、それぞれのタイミングを見計らい対処したそうだ。野球で職場を離れることによる社内成績への影響はもとより多大であって、当たり前のことであるとも言う。「社内成績が悪いことについては、審判への道をめざした時点から十分承知の上、覚悟はできていたし、社内成績のことには本当に無関心でした」と振り返る。ただ、迷惑を最小限に抑えることだけを考えていたそうだ。

すぐに思い出せる同僚社員からの疑問やエピソードを挙げてもらうと……。

①「審判活動は会社を休んでから行っているのか？」と聞かれた↓ 当初は有給休暇

②「審判としての給与は出るのか？」と聞かれた↓ 無し。

③「審判で業務から抜ける対応をどう考えているのか？」「勤務評定が下がるのは覚悟しておくように」と上司に言われた。↓ 評定は当然「0」。

④会社の電車車両における不具合やクレームへの対応は夜中が多い↓ 深夜ないしは徹夜で車両現場や車庫等で過ごすこともあった。

⑤鹿島、和歌山での勤務時代は地域との業務も多かった↓ 審判担当の際には日程調整と同僚に支援や加勢を依頼したりと頭を下げる日々だった。

⑥その他の勤務地や地域情勢、業種による顧客の状態はさまざま↓ 社内ならびに社外の方のなかに、野球活動を通じて理解を示してくださる方もいて、大変有難かった。

1991 年、第 65 回選抜高校野球。春夏の大会を通じ女性として初めて始球式をする森山眞弓文部大臣（当時）にボールを手渡す永野

職場から野球の関係先への外出が頻繁だった永野は、上司やパートナーたちの手間が並大抵でないと自覚していた。対応が不十分なことも多く、「大変ご迷惑をかけてきた」と目を伏せた。もとより「劣等生でよい、社内成績は……」と考えていたので、「不思議に社内で一応の到達点に達したのは、皆さまのお陰でしかない」と、あらためて感じ入っていると話す。同時に「野球と審判への道を及ばずながら歩んでこられたことに感謝するばかりです」と、甲子園を中心にした審判人生が有意義なものであったと振り返る。

ふと、映画「釣りバカ日誌」の浜ちゃんを思い出した。

会社と外の世界で見せる主人公の二面性。どうありたいのか？　会社は給料をもらうところで、プライベートはプライベートでとても大事。どちらかといえば、「外」が大事な浜ちゃん。これを置き換えてどちらがいいとも論じられないが、それぞれのフィールドでどう充実した人生を過ごせるかは大事。永野は「会社の成績はよくなかった」と謙遜するが、周りに聞くと、決して業務をおろそかにしていたわけではない。どちらも大事な孤軍奮闘だったと想像できる。そんななかで、球審・永野として充実した気持ちで歩き続けられた野球の魅力は、本人は確かに感じていて、その同じ気持ちを味わえる人は、日本にそうたくさんいるわけではなかっただろう。しかし、どちらかというと、つらいことの方が多いはずと凡人としては思ってしまう。ホームベースの後ろでおよそ30年も裁き続けた永野への興味は尽きない。

田中美一審判の名ジャッジ

永野が忘れられない一戦がある。

1996（平成8）年夏、松山商と熊本工との甲子園決勝戦。

3対3の10回裏、松山商はエースの新田浩貴投手が1アウトでマウンドを降りてライトを守ることに。そして、1死満塁の場面になった。すると、松山商の矢野勝嗣選手が新田投手に代わってライトのポジションに入った。その直後、あのシーンは起きたのだった。

熊本工の左バッターボックスには3番バッターの本多大介選手。本多選手の打った大飛球は代わったばかりの矢野選手のいるライト方向に飛んだ。

実況のアナウンサーは叫んだ。

「いった！ これは文句なし……。しかし戻される！ ライトは代わった矢野！ タッチアップ！ バックホームはどうだ？ アウト！ アウト！」

矢野選手はこの大飛球をキャッチするとダイレクト返球で、熊本工サヨナラのランナーの生還を封じたのだった。

このダブルプレーの展開は、正に奇跡だった。直前に松山商の澤田勝彦監督が打者を見て、ライトを矢野選手に代えたことがドンピシャリと的中、矢野選手は大飛球に対して全力で背走した。打球は風に幾分押し戻された。そして、ライトの定位置後方で回り込んだ矢野選手は落下点へ到達して捕球するや、勢いをつけて大遠投。ランナーが早いか、キャッチャーへの返球が早いか。結果は矢野選手の超ファインプレーとなった。

「助走なくしてはできない素晴らしい本塁送球への判断とプレーであった」と永野は褒める。あの大飛球だったから、走者のどこかに心の緩みがあったかもしれないと考えざるを得ない。一方で、ダイレクト返球を見極めた田中美一《よしかず》審判の一世一代の名ジャッジが生まれた。

「そうできたのは田中球審の底力が生み出したものだと思う」と永野。ボールはタッチアップして突入するランナーの顔の直前を横切るストライク返球。一拍置いて田中球審の「アウト、アウト！」のコールだった。

しかし、試合後しばらくは、「あれは審判のミスジャッジではないか？」「ランナーの足のほうが早い」「熊本工の優勝ではないか？」という声が多く上がっていた。しかし、スポーツ報知が紙面に掲載したホームベース上を写した写真が、すべての疑義をシャットアウトした。間違いなくアウトの瞬間を捉えた写真だったのだ。そこには返球がわずかに早くホームタッチされていたことが証拠として示されていた。

「選手、監督、審判……何とも見事な力量だった瞬間です」と永野は回顧する。その後も、この出来事は、「奇跡のバックホーム」と語り継がれることになった。

試合は松山商が11回表に先頭・矢野選手の2ベースヒットを足がかりに3点を奪って勝ち、春・夏7度目の優勝、27年ぶりの全国制覇となった。

甲子園で謝罪した球審、2022年春

2022（令和4）年3月の春の選抜高校野球で、めったに見られない審判の振る舞いがあった。第一試合の1回戦。敦賀気比（福井）対広陵（広島）戦で球審が判定ミスを認めて謝罪した。

ことが起きたのは4回の広陵の攻撃。バッターがバントを1塁線に転がした。打球はファウルゾーンに出るか出ないか……、バウンドを変えながら最終的にフェアゾーンに転がって止まった。ボールは1塁に送球されて打者走者はアウトに。1、2塁間で挟まれた1塁走者もタッチアウトになった。

しかし、問題はその前に起きていた。バントの打球に対して2塁塁審がファウルのジェスチャーをして、1塁走者を止めていたのだ。当然、セカンドに向かっていたランナーはその後、簡単にタッチアウトになってしまった。審判団は集まって協議した。そして、尾崎泰輔球審がマイクを持って場内にことの顛末を説明した。内容はこうだった。

「2塁塁審が誤ってファウルのジェスチャーをして1塁ランナーを止めてしまいました。私

たちの間違いでした。1アウト2塁で再開します。大変申し訳ありません」

謝罪だった。

結果的には犠打となり試合は再開。この球審の謝罪に対して場内がざわついた。

「大変申し訳ありません」のひと言を球審が頭を垂れて述べた。正しい姿であり、この出来事はニュースとなり、「球界の御意見番」の張本勲氏は「こんな勇気あるアンパイアがいたんですね」と褒め称えた。逆に私たちは審判のジャッジは絶対的なものとして受け入れてきた。人間だから間違いはあるということも込みで受け入れてきた。目に余るミスもたくさん見てきた。それでも審判のジャッジは絶対。おかしなルールだと私は思ってきた。それゆえに、尾崎球審の「大変申し訳ありません」のひと言は、とても人間らしく、賛辞を贈りたい。

この尾崎球審のとった行動を永野は見ていたのかが気になった。しかし、連絡を取ると、テレビではオンタイムでは見ていなかったということだった。

その後、わかったのだが、知り合いのスポーツジャーナリストから連絡が入り、永野は一連の出来事を細かく知ることとなったのだという。

そのスポーツジャーナリストは、「スポーツニッポン」の内田雅也編集委員だった。

「内田さんは尾崎球審とその日に直接メールでやりとりをしたそうだ」と、永野から聞いた。

永野によると、内田さんは、尾崎球審にこんな内容のメールを送ったという。

「尾崎さん。今朝の判断、素晴らしく感激いたしました。素直に誤りを認めた上で謝罪し、正しい裁定をする。これこそ『人間的』で『教育的』な行動であったと思います。私は公認野球規則にある審判員に対する一般指示で、判定の訂正に関するくだりが最も好きです。『正しい判断を下すことが第一の要諦であることを忘れてはならない。疑念のある時は躊躇せず同僚と協議しなければならない。審判員が威厳を保つことはもちろん大切であるが、正確であるということが何より重要である』今朝の試合では、素晴らしい判断だったと思います」

永野は、「この内田さんから尾崎球審へ宛てられたメッセージは素晴らしく、自分としても全くの同感であり、今度、尾崎さんとお会いすることがあれば、真っ先に敬意を表したいと思います」と、連絡をくれた内田さんに伝えたそうだ。

理想は「この試合、審判いたかな？」

では、永野自身は審判人生で「誤審」についてはどうだったのか？

本人が綴った文章を読み進めていただきたい。

ホームベースは幅17インチ（43・2センチ）の五角形のゴム板。一塁、二塁、三塁の各ベースは15インチ（38・1センチ）の正方形で、厚さは3インチ（7・6センチ）ないし5インチ（12・7センチ）。

投手板は横24インチ（61センチ）、縦6インチ（15・2センチ）の長方形の板と決められています。

野球競技はホームプレートに向かって、投手が1球1球、投手板から打者に向かって投球することから始められますが、投げる目標の核になるのは、ストライクゾーンであり、投手と打者との対峙がスタートポイントになるわけです。これによって発生する判定を裁くのが審判であり、本塁上の投打の攻防を裁くのが球審です。塁審のことについては、省略するとして、ここでは球審のこと、特に『ストライク』と『ボール』の判定に絞って書きます。

この判定は空間を飛来するボール（投球）を、ストライクかボールか判定するので、その基準が曖昧にならざるを得ないわけですが、バラツキがあったり、正確な再現性に欠ける判定をしたりする可能性は避けられないことだと思います。現に、長年の経験から振り返ると、残念ながらバラツキは相当件数あると思っています。

それを最小限にすることが求められる訳ですが、たやすいことではないし、困難なことでした。しかし、そのなかでベストを尽くし、選手が安心して投球でき、打撃に専念できる環境を提供することこそが、球審の役割なのです。そして、そのための不可欠な要諦として一番に努めてきたのは、試合のなかでの判定のバラツキをなくすこと。誤差は何としても避けること。同じ投球に対しては同じ判定をすることを最重要課題として、選手（投&打）に信頼してもらえる判定でもってその試合を完遂すること。それをめざしてやってきたつもりです。しかし、合格点には達していない試合が数多くあったなあと、無念の思いが今もって残っています。

何度も申し上げてきましたが、理想的な審判、そして判定は『この試合、審判いたかな？』……と感じてもらえるような対応ができた試合であろうと思います。周りから、判定への抵抗、たとえば『あれ？　今のなんでボールなの⁉』的な疑念がない形で終わるのが理想です。

1球の判定によって、試合が左右されるケースというのはままあるし、過去にもその判定によって試合が決した例は数多くあるといわれています。私は、キャッチャー出身であり、審判を引き受けてからを含むと、長年に渡ってホームプレートを軸とした野球生活だったわけですが、その点でも共通した要素の多い役割ということになります。したがって、審判への道へ入りやすかったといえます。しかし、いざ実戦となると、選手間では勝負への執念を伴った駆け引きが発生するし、勝つためにあの手この手を駆使することになります。たとえば、きわどい投球に対するストライクかボールかの判定が野球競技の根底をなす要素ですが、キャッチャーはコーナーぎりぎり、高低ギリギリの投球をストライクに判定してもらうためのワザを捕球の仕方で工夫するとか、声を有効活用するとかを、当然行います。巧みなキャッチャーはいろいろとやるものです。本来はそんな演出に影響を受けてはいけないのですが、惑わされるケースはよくありました。

実戦では、これに当然打者の打撃行為が種々雑多な展開を生みます。よって、判定は複雑になります。その過程で判定の不安定感、つまりミスが発生することによって審判への不信感へとつながっていきます。現に、私はある大きな誤審の場面を見てから、よくあんな審判なぞをやっていたものだ！との衝撃から野球アレルギーになった経験も持つという体たらくです。

告白します。

実戦における審判の長い経験のなかで、たとえば甲子園の高校野球の試合中に、誤審をしたかな？　多分誤審だったと思う……というケースが幾らもありました。ストライクとボールの判定を覆すことは実際にはできないので、そのまま先へ進めることになりますが、試合の流れのなかで、この1球は極めて大事（みんな大事であるが）という状況があるものです。その誤審によって試合の展開に直接響く『1球』というのがあり、それを自覚できる状態に出くわしたことはけっこう多くありました。そして、その大事な1球を操る投手というのは高度な好投手に多いのです。したがって微妙な誤審が招く投手（捕手）の心理状態というのは、当人たちに大変大きな影響を与えてしまいます。それを審判の誤審が誘因した……ということになるのです。

自分の経験を書かせてもらうと、甲子園大会を30年間、約300試合（球審は約200試合）を経験しましたが、前記の誤審（ミスジャッジ）に対して、その現場で即、目の前にキャッチャーと打者がいる場面で「ごめん、今のは間違った（次からちゃんと判定するから）」と言ったケースが数回ありました。たとえば、キャッチャーにだけ後で言ったとするとこれはいけない。打者にも同時に言うことを心掛けました。このケース、おそらくキャッチャーはあとで投手へ、打者はベンチ内の誰かに伝えるのではないか。誤審をした本人のせめてもの償いとして、修正（変更）をするのが次からの対応のヒントとすることにつながると考えたからです。

たとえば、良い投手の場合には、特に際どい投球によって打者を封ずる術を有するが、『この1球、ひょっとすると押し出しの1点を与えることになるかも……』と、思えば安全にストライクを取ろうとするが、追い込まれている打者も必死であるために食らいついて打とうとする場面であるため、打たれる公算は増える訳です。審判への不信が残る投手は、ウイニングショットの投球を避けるためにこのような不安な心理状態になる。したがって、この状態になったのは、球審が誘引したことになるのではないか……といえると思います。

私がすでにお伝えしている通り、球審アレルギーになった例（2007年、広陵高対佐賀北高の決勝戦における1球への判定例）は、この種の誤審が根底に存在するからだと自覚しています。脱線しますが、私が試合中に『ごめん、今のは間違った（次から、ちゃんと判定するから）』と言ったケースが数回あったと先ほど言いましたが、たとえば、キャッチャーが新聞記者にこのことをしゃべったりすると、けっこう面白い（?）話へと発展したのかもしれません。幸いそのような場面は経験しませんでした。経験してもかまわない覚悟で謝ったことではあったのです。

そして、選手時代の忘れられない〝仕返し〟についても……。

六大学リーグ戦中に同一審判に誤審（?）を幾度かやられたことがあり、不利を被ったことがあります。ある時、先輩の藤田元司投手と相談して、一度、なんかの形で報復（?）アピールしようではないか……となり、その1球を特定して『4回の先頭打者2球目にしよう!!』と。そして、うまいことといった!! 審判のマスクを目掛けて暴投を装って命中!! 『あ、すみません! サイン間違いで、申し訳ありません』と……。藤田さんのような速い球の場合には、たとえば『カーブ』だと思い込んでいて、速球が来ると捕球できなくなる。ゆるい球と思い込むと速球への対応ができなくなる。この道理を悪用した次第です。まさか、その私が後に逆の立場になるなんて……。

明治の島岡監督と誤審

永野「学生野球の審判をやるようになって5年目の昭和43年。当時は甲子園球場での高校野球だけでなく、神宮球場で行われる東京六大学野球の審判も務めていました。その5年目に明らかな失態を犯してしまったのです。

秋のリーグ戦・明治大学対東京大学の一戦でのことでした。当時の明治大学は古くからのファンの方であればどなたでもご存じの島岡吉郎《きちろう》監督でした。いわゆる名物監督として知られていた監督さんです。その試合で私は球審を務めていましたが、東大のピッチャーが投じた一球が明大のバッターの腹部に当たったのです。その時、咄嗟にデッドボールと判定したのでありますが、東大のバッテリーから『体に当たらなければボールは明らかにストライクゾーンを通っていたので、ルール上はストライクではないか？』との抗議を受けました。その抗議に対して自分のミスジャッジを認めて、明治大学の島岡監督の元へ走ってミスジャッジであったことを謝り、当該のバッターにもう一度打席に立つようお願いをしました。島岡監督はすぐに許してはくれましたが、東大の坪井忠郎監督という方はルールブックのオーソリティのような人で、試合を再開しようとする段になったときに、わざわざルールブックを持って来て、およそ3万人はいるであろう観衆の前でダメ押しをしたのでした。

学生野球の審判を始めて5年が経過して慣れが出て、油断もあって集中力を欠いてしまっていたのでしょう。気分が落ち込んで、審判を辞めようとも考えましたが、すぐに気持ちを切り替えました。

一球の恐ろしさを再認識しました。『一球入魂』という四文字を頭に叩き込んだのです。

以下はデッドボールに関する野球規則の引用です。

野球規則6・08は、打者が安全に進塁できるケースが記された規則で、その（b）には『打者が打とうとしなかった投球に触れた場合』1塁が与えられるとあります。しかし、その規則には続きがあります。

『ただし、（1）バウンドしない投球が、ストライクゾーンで打者に触れたとき、（2）打者が投球を避けないでこれに触れたときは除かれる。バウンドしない投球がストライクゾーンで打者に触れた場合には、打者がこれを避けようとしたかどうかを問わず、すべてストライクが宣告される。しかし、投球がストライクゾーンの外で打者に触れ、しかも、打者がこれを避けようとしなかった場合には、ボールが宣告される』。東大側のおっしゃる通りでありました」

永野が「心中密かに祈った勝利」

審判が自らの誤審について語るのは野球ファンにとっては、興味深いところだろう。あってはならないことだから聞いてみたい。いちいち頭を下げる存在ではない人たちが、口を開くと何が飛び出すのか？　You Tubeでもプロ野球の元審判だった人が、マスク越しに見たこと、経験したことを赤裸々に告白するのを目にするが、高校野球の一時代を担った球審が、自分のいわば恥部を語ったことがあるだろうか？「球審・永野」があの日の深刻な出来事を、今振り返る。

永野「審判として、大きな誤審を犯してしまったことが残念ながら幾つかありますが、そのなかで最も物議を醸し、即ルール改正へと直結した誤審をしたのが、昭和48年、夏の甲子園大会で銚子商対作新学院戦における捕手によるホームプレートのブロック（走塁妨害）行為に対する判定ミスでした。

0対0で延長戦に入って、10回裏、銚子商が2死走者2塁から右前打。サヨナラの場面。走者はホームのそこまで来ている。ライトからの送球もそこまで来ている。走者は頭から滑り込んで来た。その時、捕手はボールを持たないで本塁をブロックしている。タイミングは明らかにセーフでサヨナラの状態。ヘッドスライディングした走者の手はおよそ50センチ手前でブロックされて、捕手の左脚に押しつぶされた状態でホームベースには届いていなかった。

しかし、球審としてこの妨害行為をオブストラクションとして判定（裁定）しないで、『アウト』を宣告してしまったのです。明らかな私の誤審（ミス）です。すぐにアウトを撤回して、得点を与えるべきだったのを、やり過ごしてしまった痛恨の大誤審を犯しました。

少し時間が経っても（たとえば数秒間）判定を撤回すべきだったと、47年経過した今でも悔いを残している始末です。

このプレーと判定が引き金となって、ルールを変更することになり、『捕手はすでにボールを所持しているときしか塁線上に位置することができない！』と明記されました。

少し脱線しますが、誤審を犯して『アウト』を宣告した瞬間、滑り込んできた走者の顔を見ると、鮮血に染まって顔が真っ赤になっていました。この試合途中から雨となり、延長戦になってからは大雨に。試合は、延長12回に銚子商が押し出し死球で1対0でサヨナラ勝ちを収めました。

審判員は私情を挟むことはなりませんが、手加減したりすることも、もちろん許されないことです。わかっていることではありますが、実は後にも先にもこの時だけと言わせてもらって恐縮ですが、銚子商が勝ってくれないかな……と正直祈るような気持ちになってしまいました。いけないことではありますが、正直そんな気持ちだったのです。

結果は、昭和の怪物＝江川卓投手が大雨のなかでの満塁からの押し出し四球により、サヨナラゲームとなりました。心のなかで、正直、ああ救われたと、勝手ながら安堵している私がいました。

しかし、勝敗が逆になっていたら悔いの思いはもっと増したでしょう。

なお、ブロックをした作新の小倉偉民捕手ですが、その後、早大を出て名前は亀岡と変わり、衆議院議員として活躍されています。なお、私が江川投手と接した、甲子園における事柄は後ほどさらに詳しくお話することにいたしましょう」

ルール改正「いったいなぜ?」

永野「本件も野球規則改正が必要となったケースです。私が関わってルール改正を惹起した2例目（1例目は捕手が走者を妨害する違反行為の見逃し）になります。難しいケースではありますが、このようなことは起こりうるのだと思います。野球のルールはなかなか面倒なところがあります。

夏の甲子園大会　1977（昭52）年第59回大会3回戦。

熊本工対福島商は以下のスコア。

福島商	300	000	000	00	―3
熊本工	001	002	000	01	―4

この試合、延長11回裏、熊本工1死満塁、福島商・三浦投手の投じた初球が打者・林田選手（投手）の右頭部への死球となり、押し出しサヨナラゲームの状況に。しかるに、3塁走者は喜び余ってホームベースを踏まずに自軍の喜びの輪の中へ入り込んでしまったのです。球審だった私には、このケースにおけるルール上の必要な処置がどうあるべきかの問題が喫緊の課題とし

て目の前で発生したわけです。補足すると、この状況はサヨナラ押し出し死球であるから、サヨナラゲームですが、走者がホームベースに触れていないので、守備側からアピールがあれば、アウトになる状態でした。それなのに、死球であるために試合停止の状態となっているわけです。守備側がもしアピールしたとしても、試合停止中はアピールができないことになっているから『今はタイム中だからアピールできない！』と言わなければなりません。進退窮まる状態にありました。

このケースでは幸か不幸かアピールの気配は全くなくて、ことなきを得た形で収まりました。胸を撫でおろしたわけですが、私は、実はとんでもないオフサイドというか違反行為を犯してしまったのです。困惑の末、通過した走者にホームベースを踏んでもらうべく、すぐそばにいた選手（のちに主将と判明）へ、すべきことをそっと促しました。結果はその通り踏んでくれましたが、俄か繕いであり、審判としてのオフサイドであることに間違いありません。

福島商からアピールがあったらどうすることもできない状態、つまり死球による試合停止中であったなかで、ホームインを認めた一件。

振り返ると、これはルール改正が不可欠であるというケースでした。結果、その後のルール委員会で俎上に載せ、『最終回の満塁押し出しのケースで三塁走者が本塁を空過した場合に限り、タイム中であってもアピールプレーを認めること』とルール改正がなされました。

また、この機会に次塁への進塁義務のある走者は3塁走者と打者走者だけとすることにもなりました。自身としては、捕手のいわゆるブロック、オブストラクションを違反として判定できずにアウトを宣告してしまった重大なミスを犯して、ルール改正の引き金を引いてしまった過失に続き、本件の対応への困却とミスについて、極めて低俗な対応をしてしまった過ちに痛惜の念を取り去れないでいるのです」

思い出「昭和の怪物」江川卓投手

私が永野に特に聞いてみたかったことの一つは、栃木・作新学院のエース＝「昭和の怪物」江川卓投手をホームプレート後方から球審としてどう見ていたのかということだ。その後、「平成の怪物」が松坂大輔投手、「令和の怪物」が佐々木朗希投手となるわけだが、江川投手以外の2人はＷＢＣで世界にその能力の高さを示した。もしも江川全盛期にＷＢＣがあったら世界の反応はどうだったのだろう？　キャッチャーに向かってホップしていくように見えるといわれた球筋。ゴムボールでホップさせるのもなかなかの球速が必要だが、硬式ボールでそう見えるのは驚愕に値するのではないか。

高校時代の江川投手は誰しもが認める超高校級。甲子園のマウンドにも立ち、その球をいちばん多くジャッジしたのが永野だった。永野も審判としての感覚が最も鋭かった時期になっていたと思われる。その永野に今回「高校時代の江川はどんな球を投げていたか?」と聞くと、第一声は、「江川投手の存在と活躍は当時桁違いのものであったと思う」ということから始まった。甲子園大会に絞って聞くと、1973(昭和48)年の選抜大会と夏の選手権大会に出場した栃木県代表の作新学院高校は6試合を戦っている。そのうちの4試合を球審として割り当てられたのが永野だった。

江川投手との初めての接点は、選抜大会開幕試合始球式のときだった。開幕試合での作新学院の対戦校は優勝候補といわれていた大阪の北陽高校。出場30校中、チーム打率・336の強打者揃い。

「プレーボール!」

投じた初球を見て永野は「うーん」と内心唸ったと言う。聞きしに勝る球の速さに加え、ホップしてくるように見える球筋。「いや、ホップしている」。これはよほど冷静に、丁寧に、落ち着いて判定しなければならないなと直感したそうだ。案の定、打者は三者三振。高いボール球につられて空振りが多く、この状況は試合を通してずっと変わらなかった。速くてホップする球に打者がつられて振るという状態に陥るということは、球審も同様に「つられる」状態になってしまうことを意味する。江川投手が投げるたびに、落ち着いて対応しなければならないと肝に命じながらだったと永野。打者はボール球も振ってしまうが、球審にはジャッジのミスを防御できる手立てがあるにはあったと振り返る。とにかく、慌てて判定しないことだった。思わず右手を挙げることは避けなければならない。即座に判定しようとすると誤審を生んでしまう。永野は「ボールがキャッチャーミットへ入ってからしっかり判定すること」と決めた。見極めた後で判定することに終始気を使った。

打者にはこの「間」が与えられるわけではないのでボール球でも振ってしまう。永野がとった対応は、「ストライク」を宣言するのが早まらないように、挙げる右手の手首を左手で摑んでブレーキをかけ、我慢した上でコールする方法を自衛策とした。こうすることで、バラつかない安定したジャッジが可能になるはずと言い聞かせたという。ストライクゾーンからホップしてボールになる球。そんな球を投げる高校生は江川投手だけ。苦肉の策だったと言う。

この試合では奪三振が19個だった。試合開始からしばらくはストライクと空振りばかりで、永野はさすがにすごい球威だなと感心していた。あとで記録や報道で知ったそうだが、この試合でバットに初めてボールが当たったのは、江川投手の23球目……北陽の5番打者のファウルだった。その瞬間、満場のスタンドから大拍手が起きたことは、はっきりと覚えていると言う。

江川投手を擁した作新学院は、このあと選抜大会、夏の大会でも結局敗れてしまうが、怪物ぶりは遺憾なく発揮され、一世を風靡した。なかでも夏の大会での銚子商戦での一コマが忘れられないと言う永野。前述したが、銚子商に勝利してもらいたいと思ってしまった雨のなかのあの試合だ。

1973（昭和48）年8月16日。第55回全国高等学校野球選手権大会。銚子商と作新学院の一戦は、0対0のまま延長戦に突入した。試合途中から降り出した雨でボールがすべり、制球を乱した江川投手は12回裏1死満塁のピンチを招くと、永野は「タイム」の要求を受けた。「あれ？こんな状況下で何だろう？」と思ったが、もちろんタイムを宣告した。カウントは3ボール2ストライク。江川投手は内野手全員をマウンドに集めた。話し合いはせいぜい20秒ほど。そして皆、定位置へ戻った。

この時、江川投手は「次の球は力いっぱいのストレートを投げたい」と告げたのだった。本人は「ふざけるな、ここで負けたら終わりなんだからちゃんとストライクを入れろ」と言われることも覚悟していたというが、チームメートは「おお、いいよ。ここまで来られたのはお前のおかげなんだから、お前の気の済むように投げろ」と言ったとのこと。「ああ、このチームにいて本当によかった」と江川投手は感謝したという。

直後、江川投手が投じた169球目のストレートは明らかに高く外れる「ボール」で押し出し、サヨナラ負け。「怪物」最後の甲子園は幕を下ろした。それにしても、本人は「ああ、しまった！」という姿になっても不思議でない事態でありながらも、何とも平静で落ち着いていたのが印象的だったと永野は話してくれた。チームメートとの心のつながりを得た安堵感のほうが勝敗のことよりも上回っていたのではないかと感じたという。

作新学院（栃木）　000　000　000—0
銚子商（千葉）　000　000　000　001—1

この敗戦から10日ほど経って、高野連は全日本チームを編成して韓国遠征に向かった。江川投手は当然選ばれた。永野もその一員として、帯同、遠征中に江川投手と話す機会があった。入学以来、マスコミを初め、常に追いかけ回される日々が続いていて、チームメートに対して「本当に申し訳ない」との思いを語ってくれたという。その延長線上で、最後のマウンドでのやりとりとなっていったのである。

この韓国遠征中の一コマだが、ウォーミングアップを始めた江川投手はライトのポール際、相手はレフトポール際にいて、両者の距離は100メートルほどか。相手は助走をつけて全力で投げて、やっとワンバウンド、片や江川投手はノーステップで楽々とノーバウンド。その地肩の強さに、永野は驚いた。小学生のころに天竜川の河原の向こう岸へ毎日石を投げ続けていたというが、その時に鍛えられた地肩があの剛速球を生んだのは本人も自覚している。

「スピードガンがないころだったので、球速は推測の域を出ないが、最盛期は160キロほど出ていたのではないか？　速さもさることながら、ホップする球の威力はものすごいものだった」と、永野はあらためて振り返ってくれた。江川投手の持論は「最も速い球は、地面に叩きつける球だ」ということ。そのイメージで投げ続けていたらしい。

エンゼルスの大谷翔平投手が大リーグでスーパースターとして成長した姿に、その爽やかさと併せて日本人としてワクワクさせられる日々が続く。WBCのあともエンゼルスの打者、投手として素晴らしい2023年シーズンのスタートを切った。ドラフトのごたごたなど、高校卒業後もさまざまなドラマがいつもくっついてきた江川投手に関しては、「好きか、嫌いか」ということにはじまり、引退するまで野球中継のなかでの大役者であり続けたと思う。「プロ」とは、誤解を恐れずにいえば、こういう選手のことなのだろう。

永野が自身のことを「プロには向いていない」と判断したことは、怪物・江川のたどった道を見れば正しい判断だったのかもしれない。ご本人初め、あらゆる関係者には大変失礼ながら、永野は「奥ゆかしさ」の人、「常識人」であったからこそ、プロ野球とは縁がなかったのだろうかと考える次第である。

松井秀喜5打席連続敬遠のあの日

「松井秀喜5打席連続敬遠」衝撃のシーンが甲子園で起きた。

1992（平成4）年8月16日に甲子園球場で行われた第74回全国高等学校野球選手権大会2

回戦。明徳義塾（高知）対星稜（石川）戦で、明徳義塾の河野和洋投手が、星稜の4番打者・松井秀喜選手を5打席連続で敬遠した出来事である。

試合後マスコミで大々的に取り上げられ、高校野球の「勝利至上主義」について議論されることになった。当時も審判だった永野にこの時のことを語ってもらった。

永野「この試合を私はネット裏場内放送席、機器操作室で控え審判として見ていました。前代未聞の光景が展開されていきました。第5打席は無走者での敬遠四球でしたものね。その反響と世論はそれこそ社会現象にまで膨らんでいったことは周知の通りですが。試合終了後のことについて言いますと……。

ゲーム・セットの挨拶が終わって、応援団への挨拶が終わり、3塁側ベンチへ帰って行った星稜側の応援団スタンドからは、グラウンドへ向かって一斉に物が投げ入れられ始めて、とどまる気配がありませんでした。そこで、球場職員さん（阪神園芸さん）が大勢出て回収し、スタンドへ投げ返し始めたのですが、留まるどころかさらに多くなっていきました。さあ、これは大変だ!!　うーん?……と思っていたら、星稜の山下監督、野村部長らがベンチ総動員で飛び出して、投下物の回収とスタンドへの投げ返しを開始しました。すると、投げ入れは一瞬のうちにピタッと収まりました。これ以外の方法では終息できなかったと思いますが、さすがに見事な早業で事態を収拾させた山下監督の鮮やかな采配でした。最初の状態が続いていたなら混乱はエンドレスだっただろうと思いました。

翌日の話をしますと、夏の大会は次戦の対戦相手をその都度抽選して決める方式ですが、この日が抽選日になっていました。第1試合終了後に、8チームの主将が抽選に来ていたのです。1塁側チームが3塁側チーム含めて代理抽選しますが、その抽選はバックネット前で行われます。星稜を下した明徳義塾の主将も来ていました。主将がグラウンドへ出る前から、スタンドからは『明徳は帰れ！　出て行け！　とっとと出て行け！』という声。また、これに類する罵詈雑言が飛んでいたのです。そのなかで抽選は行われ、聞くに堪えませんでした。主将は何の責任もないのに集中口撃に晒《さら》されて、何とも非情な情景がしばらく続きました。抽選が終わり主将たちはグラウンドから階段を下りて地下通路へ移動となりました。明徳義塾の主将は堪え切れなくなり、号泣でした。無理もない非情な罵声・罵倒でしたから。すると、地下通路へ下りたところで、他の主将たち、おそらく7人だったと思いますが、一斉に周りを囲んで『お前のせいじゃないんだから、気にするなよ！』と同調。慰め、励ましの言葉がハーモニーになって聞こえてきました。

ぐっと来たのはもちろんですが、同時に『さすがはキャプテンさんたちだなあ！』と感動した瞬間でした。こういう余波も含めて、この敬遠四球問題は社会問題化していきました。

明徳義塾高校による松井選手敬遠四球作戦は徹底していて、走者のいない状況でも敢行されたわけですが、都合20球が敬遠球として投じられました。松井選手はそれぞれの投球に対してバットを構えた姿勢で対応していたと思います。嫌な様子や不快感を示すような姿は全く感じられない清々しい姿で20球へ対応したように見て取れました。実に立派なスポーツマンシップといえるのではないでしょうか。爽やかな印象を残した選手でした。普通ならもうちょっと異なった様相を見せてもやむを得ない状況であったようにも思いますが……。

特に印象に残ったのは無走者での敬遠の5打席目です。バットを静かにそっと打席内へ置いてから1塁へ向かった姿がありました。全打席そうでしたが……。場内の反響は室内にいたのでわからなかったのですが、素晴らしいマナーに感銘を受けられた方が大勢いらっしゃったのではないでしょうか。そこで古い記憶を辿りますと、仄聞《そくぶん》した話からではありますが、この事件（と言わせてもらいます）にまつわる話が教材として小学校5年生の社会科の教科書に使用されたそうです。その骨子は次のようなことです。松井選手が中学生のころ、試合で敬遠四球を受けたとき、バットを地面に叩きつけたことがあったそうです。すると監督が飛んで行って、多くの人の面前で、松井選手をしかったそうです。鉄拳制裁だったようです。『大切なバットに何ということをするのか……』と。勝手な想像ですが、松井選手のニューヨーク・ヤンキースに至るまでの素晴らしいマナーの原点には、この件が影響しているのではないでしょうか。

この中学のころの出来事は、1988（昭和63）年秋のことで、場所は根上《ねあがり》町民野球場。松井選手が所属していた根上中学野球部が練習試合をしているなかでのことだったそうです。鉄拳制裁した監督は、高桑充裕さん。根上市役所に勤務されていた方です。あの星稜対箕島のときの一員で、1年生で星稜ベンチに入っていた方だったのです。余談になりますが、高桑さんとお会いしたことがあります。２００４年11月13日、石川県立野球場で『神様がつくった試合』から25年後の両校のＯＢ戦当日のことでした。懇親の場で、『松井を殴りよったのはこいつやねー』と、親しみを込めて高桑さんをご紹介いただきました。素晴らしい対面の機会に恵まれたことが思い出されます」

なぜ審判になったのか？

「私はいかに独立性が乏しいのか、ということにもなる」と永野は謙遜する。

そのスタートは土佐高校にいたときに、早大をめざそうかと一時考えていたからだ。ところが、すでに触れたように、当時毎年、慶大野球部が高知でキャンプを張っていた関係で、慶大へと傾倒していった。そして、入学し野球部へ。慶大を卒業するに際しては、慶大の大投手だった河合貞雄さんが監督をしていた住友金属工業から誘われて、入社。社会人野球は当時盛んでクラブチームを入れると３５０ほどあった。現在企業チームは70ほどといわれているそうだが……。

その河合さんの実家は鳶職で、住金勤務を経て、後年は、京都の実家へ戻ることになるが、京都には土木・建築業の組合員の仲間で冷暖房・水道配管工事会社の「大鳥居工業所」という会社があり、河合さんの父親と大鳥居工業所の満也社長が親密な間柄であった関係から、いつの間にか河合さんの声掛けで大鳥居家の長女・武子さんと見合いをさせられたとのこと。余談だが、大鳥居家の長男・力氏の長女が私の妻であり、永野と妻は、叔父と姪の間柄。私は永野と親戚付き合いをさせてもらうことになり、この文章を書いているというご縁。

さて、その結婚についてだが、永野は「断れなかった」と言う。そんなことも振り返り、「さまざまな人たちとの出会いに人生を任せてきたと言っても過言ではないような気がします」と言う。なかでもプロ野球「近鉄」からの入団の誘いが来て「お前はプロ向きではない」とはっきりと強く言ってくれたのも、河合さんだった。甲子園の高校野球中継で、NHK解説者としても活躍していた河合さんからのダメ出し。そこから数年経って、永野は社会人野球を卒業した。そして、高校野球の審判を委託されて、引き受けることになった。「プロ向きではないお前は」という声に素直に従ったようだ。

先述したが、「審判はグラウンドの教育者たれ」、この言葉を信念とする当時の高野連会長だった佐伯達夫さんが声をかけたのは、永野が28歳のときだった。社会人野球の住友金属で現役引退をした直後のことだった。

なぜ、突然声をかけられたのか……。引退前、野球をやりながら大阪勤務のサラリーマンをしていた様子が、すでに高野連に伝わっていたからであると思わざるを得ないと言う。住友金属のグラウンドは今のＵＳＪがあるところ。大阪・安治川《あじ》の職場との往復はとても体力を消耗する日々だったと。遅くまでナイター練習をしたあと、残務を片付けに社にトンボ帰りすることも当たり前。仕事で迷惑をかけたくない、負けたくないと思っていた永野にはだんだんと野球が重荷になりつつあることも事実だった。その様子が、佐伯さんの耳に入っていたと思われると言う。

「あんたが野球が上手いか、審判ができるかどうかは知らない、しかし、あんたはグラウンドで学校の先生の代わりができますか？」

佐伯さんから最初にこう言われたということもすでに述べたが、あまりにも重い言葉で、単なる審判の技術ではなく、生徒たちといかに接するか、あるいは指導者の方とどう接するのがいちばんいいかを考えることになり、そこから、社業の傍ら毎年春と夏には甲子園へ通う審判生活の日々が始まった。

「あの甲子園出場の夏、もしもファウルチップを捕って優勝していたなら、審判をやらなかったと思います」と振り返る永野。落球したんだから悔いが残っているのは当たり前だが、だから甲子園にもう一度戻るという選択。

やり残したことをやらせてもらえたら嬉しい、そう思っているときの声かけだったそうだ。球審としてグラウンドに行けば、自分が落球した場所のすぐ後ろで試合を見られる。また勝負を分けるような場面に出くわしたい。そんな思いが強かったのである。審判として、再び甲子園に立ちたい。社業と野球との不安定なバランスのなかで、バットとグラブを置き、それとは裏腹、甲子園に戻りたいという思いは膨らんでいた。そして、審判になる誘いを、どこか自分でも待っていたのだと思う、と話してくれた。この時、永野は次の言葉で締めくくった。

「まさか甲子園で30年に及ぶ審判生活。決勝の球審を、春・夏合わせて14回も担当させていただくことになろうとは夢にも思っていませんでしたよ」

＊佐伯達夫《さえきたつお》

1892年生まれ。大阪府出身。元・大鋼運輸社長。1967年から1980年まで日本高等学校野球連盟の会長を務めた。1945年8月15日にラジオで玉音放送を聞き終戦を知ると、全国中等学校野球連盟の設立に奔走し、それまでの「新聞社主催」から「連盟との共催」という現在のシステムを確立した。「現場第一主義」を掲げ、日本各地に高校野球連盟組織の樹立や高校野球のレベルアップに全力を尽くした。また、選抜・選手権の本大会ではグラウンドに降りて出場校ナインを激励。敗戦校のナインへのいたわりは没後も語り草に。高校野球については、「プロの養成機関ではなく、教育・人間形成の場」と終生公言するほどアマチュアリズム、エデュケーショナリズムに徹したことで知られた。

1980年逝去。

第五章　嗚呼！　サラリーマン「人質」は二度

軸足はサラリーマン……だったが

高野連の佐伯会長の面接を受け、高校野球の審判として初めてその現場へ出ることとなった永野。1964（昭和39）年3月下旬。その頃の職場は大阪・淀屋橋だった。甲子園球場へは至便。職場を離れて同僚に留守の間のことをお願いするパターンは未知数。基本的には有給休暇をもらって出かけることになった。この形が夏の大会8月下旬まで。翌年の春の選抜大会からは有給休暇は取得不要となり、割り当てに応じて参加できるようになった。審判外出が始まった当初の永野の業務は、私鉄の電車車両の台車・輪軸などの販売だった。これもまた外出が多かったという。上司、同僚には丁寧に挨拶とお願いをしながら席を外した。

十分理解してくれる職場の人が多かったが、「君は野球をライフワークにするのかね？」「仕事を空けて出かけてると、業務成績が悪くなることはわかってるよな？」という声をもらうこともあった。自分では十分覚悟していることを何度も確認してくる上司もいたと言う。次の勤務地に異動しても同じようなことが続いた。

一方、周囲の多くの人の理解を得て、「どうぞ頑張ってきてください」と送り出してもらえたのは嬉しかったと言う。初期はいろいろとギクシャクしたが、2年で4つの大会を経たころには認知してくれる周囲の人が増えてきたと言う。

高校野球の全国大会はマスメディアが過大と思えるほどに大きく取り上げる結果、関心のある人は、審判であっても動向を知っていて、留守をすることについて、より丁重に理解を求める形となっていったとのこと。

また、余計なことだと思っていたそうだが、選抜大会の期間中は毎日新聞の1面に、夏の大会中は朝日新聞の1面に、組み合わせ表示のなかに担当審判も併記されていたので、関心のある人たちからは「今日は第3試合ですね」などと言われることもあったそうだ。永野の転々とした勤務地のことは別記（130、131ページ）のとおりだが、それぞれの職場において温かい理解と支援を頂戴したことに感謝あるのみだったと平身低頭。

「たぶん相当な劣等生であったものと思います。大会の審判員だけならまだしも、後年には高野連の審判規則委員も役が回ってきたので、全国各地区（9地区あり）での審判講習会へ出向くことも多く、休日開催でしたが職場へ影響を及ぼしたものです」

甲子園での審判は奉仕活動。自身の経済活動は住友金属で。聞けば、会社員として何かと難しい局面に立ち向かっていたことがわかる。それゆえ甲子園での活動にもエネルギーを注げたのではと想像する。会社員・永野として甲子園以外では具体的にはどんな仕事をしてきたのか聞いた。

永野「現在は社名およびそのあとの合併した社名も変わって日本製鉄となっていますが、住友金属時代のことを少々。昭和50年から56年までは、住金・鹿島製鉄所での勤務でした。茨城県の鹿島臨海地区に、内陸に向かってY字型に掘り込んだ広大な港湾を囲むコンビナートが次々とでき上がっていきました。住金の製鉄所は昭和43年に操業開始、第1高炉が昭和46年、第2高炉が2年後に稼働していました。当時は国内各地で公害が発生し、一大社会問題を巻き起こしていました。その真っ只中にあって、農業地帯へ進出した大型高炉メーカーとしての公害は広範囲にわたっていて、特に粉塵の拡散、飛来による地域への被害は大問題になっていました。地元と進出企業間の抗争が発生、対応策で紛糾が続きました。何はともあれ粉塵飛散ほかの公害の防止策が喫緊の課題で、全力で対策を推進しなければならず、徐々にではありましたが、成果も出始めてきました。しかし、茨城県および鹿島町（当時）との紛争と協議は延々と続いていました。

総務部への転勤辞令は昭和50年4月でした。会社からは『公害問題でギクシャクしている地元対策・地域対応をやるように』と言われました。さあ、これは大変な難題だと思いました。しかし、思い切りぶつかるしかありませんでした。特に町長以下、町会議員との接触と交流などが重点であろうと聞き及んでいました。果たしてそのとおりの展開でした。酒席なども併用しながら昵懇《じっこん》の度合いを深めたい……。酒が強いのも一種の武器(?)か……と思いながら。複数の議員ほかと少しずつ難題などの話し合いを重ね、交渉をしながら親近感を持ってもらうよう努めました。すると然る議員2人から『お前さんは鹿島へ来たけど、これまでの人と同じようにどうせすぐ帰って行くんだろう。腰掛けで来てるんだろう！』と言われました。これまでも、せっかく懇意になりかけていたのに転任した人の名前も出てきました。答えに窮しましたが、『精一杯頑張りますので』と言うしかありませんでした。

少々自慢たらしい話になってしまいますが、地元へ定着とまではいかないまでも、それに近いパターンにすることで対処したいと考え、居住地をここへ移し、投票権もここで行使することにしよう、と決めて手続きをすませました。そのあと転任するまでの約3年間ではありましたが、地元民となりました。

それで、ある時、選挙の投票がありました。投票会場へ行ったとき、ある町会議員と顔を合わせました。すると驚いた顔をされ『ええ、本当に？』と……。するとたちまちのうちに話が広がって反響がありました。ええ格好しいであったかもしれませんが、ほんの少しでも共感と地域愛が共有できたのなら嬉しいなあと思った次第です。そんな交流のなかで、『町民憲章』起草委員に指名されたり、野球関係の指導などを要請されたりして微力を尽くしたことも、思い出として残っています」

住友金属工業和歌山製鉄所着任

永野「その鹿島製鉄所勤務から和歌山への転任を命じられ着任したのは、昭和56年4月でした。そして、ちょうど2年間勤務し、次は四国・高松営業所となりました。和歌山でも高炉からの飛散粉塵など公害問題は引き続き尾を引いていました。総務部で地域対応を主に担当することになったのですが、早速にも工場からの排水汚染などへの苦情にからむ同和地区からの問題が発生していました。何をどう解決すればいいのかを代表者と折衝するものの、のらりくらりで進展しない。私ともう1人が、対応窓口として、いわば人質的に折衝を進めるも遅々として進みませんでした。『具体的な要求内容を示すように』と促すものの、明らかにしてくれないというもどかしい折衝が繰り返されました。痺れを切らして、金銭解決をと持ちかけざるを得ない状態となりました。そして具体的な金額提示をするので、話し合いをと言わざるを得ない……。すると、『住金は同和問題を金銭で解決しようとするのか？』と迫ってきたのです。それが表沙汰になれば、さらに嵩にかかってくることは明々白々であるなかでの折衝でした。

ある時、車に乗せられてダムのある奥地まで連れて行かれました。そして、『ダムが見えるやろう……』との脅迫。その後も同様のことが……。金銭要求であることは明らかですが、堂々巡りになっていきました。これはもう第三者に介入してもらう以外に手はないなと、同和関係の第三者に介入を要請しました。結果、ようやく決着を見たのです。〝時の氏神〟の力を借りなかったらどうなっていたでしょう。約1年間を要し、折衝回数は20数回以上となりました。

脅迫まがいの要求が手慣れた相手と折衝能力に疎い自分なので、大変往生しましたが、いい勉強になったことも事実です。

仕事上のことではありますが、住金の子会社＝共英製鋼に在籍中の約5年半に運送関係の問題で、全日本港湾労働組合（全港湾）と、これまた人質同然となっての折衝が続きました。話は長くなるので、割愛しますが、実は私はその後、太陽鉄工への転籍によって、本件を放置、あとは新任者と勝手にどうぞ！という形をとったことで、こうした仕事は終息したわけですが……。こんなことが春と夏の甲子園大会以外での私の日常でした」

山中正竹監督とともに初優勝

永野「以下の結果の通り、住金野球団は初優勝を成し遂げました。第53回都市対抗野球大会は、1982（昭和57）年7月27日から8月8日まで東京・後楽園球場で開かれました。

第53回都市対抗野球大会　準決勝
第1試合　日産対住友金属

日産	000	000	300	3
住友金属	101	002	30X	7

勝：石井　敗：関根　本：三好（住金）

第2試合　明治生命対日本鋼管福山

明治生命　000　200　000―2
日本鋼管福山　014　120　10X―9

勝：高橋　敗：竹内　本：渡辺（明治）、六条、河井（以上福山）

決勝戦（8月8日）住友金属対日本鋼管福山

住友金属　100　010　210―5
日本鋼管福山　011　001　010―4

勝：石井　敗：田村　本：若松（福山）、松隈（住金）

（住友金属は初優勝）

住金チームは過去に2度、準優勝はあるものの優勝は未経験でした。山中正竹監督が率いるチームは、下馬評では劣勢でしたが、好采配により強敵を次々と破って初優勝しました。詳細は省略しますが、一点だけ。石井投手と嶋田捕手は社会人3年生、地元の箕島高校出身で、3年前に甲子園大会で春・夏を連覇したバッテリーでした。あの星稜高校との死闘を制したバッテリーです。粘り強さを十分に発揮して熱戦を制する原動力となったのは天晴《あっぱ》れでした。優勝チームに渡される黒獅子旗を地元の選手が持ち帰ったことで、大変喜ばれました。そのあとドラフト会議で石井投手は西武へ、嶋田捕手は阪神へと入団し、それぞれ新たなステージで活躍することになりました。

私は、前年より鹿島からの転任で和歌山へ来ていましたが、野球団（野球部はそう呼ばれていた）の副団長を命じられ、微力を尽くすことになりました。先述した業務上の係争問題が解決したすぐあとに着任したのです。そうして、大きな好運にも恵まれて優勝の喜びを分かち合うことができました。今でも感謝しています。

その3年前の甲子園大会で、箕島高校対星稜高校戦の審判をさせてもらったことによる石井・嶋田バッテリーとの再会という奇遇に深く感謝。野球に携わらせていただいたお陰での好運と幸せに対してあらためて感謝です。

和歌山での2年間が過ぎたところで、高松営業所に転任となりました。離任する日に、練習途中の野球団員がわざわざ本館正門のところへ駆けつけてくれ、胴上げまでしてくれてびっくりしました。何もできていないのにまさかそのようなことを、とただただ驚いて恐縮するのみでしたが、そのご厚意にひたすら感謝感激したことを忘れることはできません。

山中監督は、博識・博学で、幅広く深く物事を掘り下げてことに当たられるタイプの人で、野球人としてはまた格別の存在であるといわれています。私は、特に住金の同期時代に最も多くの接点をいただきながら勉強させていただきました。素晴らしいリーダーであったことが思い出されます。

山中監督が現役時代、法政大学投手として東京六大学野球史に残した48勝の記録は、江川卓投手が1勝届かなかったままに現在も最多となっています。私は住金勤務中の昭和41年から5シーズン同リーグ戦で審判を務めました。この間、山中投手の球審に当たった試合は5試合ほどだったと思います。聞けば高校時代は快速球投手だったそうですが、肩を痛めてからは変化球投手へと変貌したとのこと。そしてその変化球に悩まされることになります。もちろん、審判としてですが……。球種は直球、シュート、カーブ、スライダー、シンカー、ナックルなど多彩。制球がよいので、際どい判定を求められました。正確を期すため、例の捕手のミットへ入ってからの判断宣告を心がけました。それはいいとして、もう一つの難題がありました。

それは、背の高い法政大学・田淵幸一捕手（のちのミスター・タイガース）が上体を伸ばして捕球するものだから見づらいことこの上なし！　いずれにしてもこの難球をさばくのは楽ではありませんでした。この5試合ほどのなかで、確たる回数は覚えていませんが、10度ほどだったでしょうか、判定直後、山中投手は投手板を離れて前へ数歩、左手人差し指を球審に向けて指し示したあと数秒間してから投手板へ。強烈なアピールでした。48勝のうちには同様の情景が展開されていたことでしょう。

ついでながら言うと、このお二人には、打者として打席へ来た折りと、イニングの間の準備投球の折りに次のように声をかけたことがあります。山中投手へは『ちゃんと見極めて判定しているつもりだからね！』、田淵捕手へは『自分も捕手で比較的長身なのでわかるが、上半身を立てると球審は見づらいよねえ。見えないとボールにしてしまうからな』と。

さらに余談となりますが、山中投手の1年上には田淵幸一、山本浩二、富田勝の三羽烏がいて、明大には星野仙一投手もいてレベルの高い野球が展開されていました。星野投手には一度だけ「下手くそ！」との言葉を浴びせられたことがあります。それも懐かしい思い出です。

住金が都市対抗野球大会で優勝した日のエピソードがもう一つだけあります。ホテルから後楽園球場へ出発する際、恒例のミーティングが行われました。それは5秒間で終わりました。全員が着席したところで、山中監督がひと言『勝つぞ！！！！』鬼気迫る迫力でした」

＊山中正竹

１９４７年４月24日、大分県生まれ。佐伯鶴城高から１９６６年に法政大入学。東京六大学野球史上最多の通算48勝をマーク。３回のリーグ制覇、全日本大学選手権優勝に貢献。卒業後は住友金属に入社し都市対抗８年連続出場。１９８０年に現役引退後は住友金属監督として都市対抗１回、日本選手権２回の優勝に導く。１９８５年に日本代表コーチに就任し、１９８８年ソウル・オリンピック銀メダル、１９９０年からは監督として１９９２年バルセロナ・オリンピックで銅メダル獲得。１９９４年から２００２年まで法政大学監督を務め、７回のリーグ優勝、日本一１回。

２００３年、横浜ベイスターズの専務取締役に就任。２００６年にはワールド・ベースボール・クラシック（ＷＢＣ）アジア代表の技術委員を務めた。その傍ら、ドラフト制度検討委員会の委員長、セントラル野球連盟理事長などを歴任し、２０１０年３月末に退任した。２０１６年１月19日、アマチュア野球発展に尽くした功績により野球殿堂表彰者（特別表彰部門）に選出された。２０１９年に全日本野球協会会長に就任。

二度目の「人質」体験

永野「先述しましたが、昭和56年に和歌山製鉄所総務部へ転勤して早々に、製鉄所からの排水問題で『人質』となって折衝を続けた２年間は苦しいものでした。

平成３年10月、職場は共英製鋼に移りました。着任後すぐ、枚方工場勤務中に全日本港湾労働組合と直属の輸送会社との間で、今度は輸送問題のトラブルが発生したのです。平成８年夏までの長きにわたり、荷主としての立場で団交を続けることになりました。当初は過激な街宣攻撃を受けましたが、粘り強く団交を重ねました。これが二度目の『人質』です。そんななかで平成８年６月には太陽鉄工へ転任となりました。そこで、『次の責任者と交渉してくれ！

自分はゲームセットだ！』と突き放しました。その後、決着をみたようです。

太陽鉄工で私を待っていたのは、倒産に関係する債権者とのやりとりでした。多くの債権者に、ただひたすらお詫びとお願いを重ねるのみ。長く協力を惜しまなかった親しい債権者のなかには、怒りが収まらず激しく心情をぶちまける人もいました。そんな時は、土下座してお詫びしたこともあります。サラリーマン生活の終盤で、多くの債権者に計り知れない迷惑を及ぼす倒産関係の業務に触れたことは貴重な経験となりました」


社会人、サラリーマンとして、若い世代の方々に参考にしてもらえるような言葉はすぐには見つからないのですが、職場における対人関係と関わり方は極めて大切であると思っています。サラリーマンとしての人事査定に、もちろん影響します。しかし、ここが私の変わったところであろうと思うのですが、会社の査定には無頓着で、しかもできもしないのだから点数はどうでもよい、といういい加減な人間でありました。

野球で多くの時間を使わせてもらっていたので、会社員としての減点は当然のことです。ただし、仕事をなおざりにしたわけではありません。不評の結果であろうとは思いますが、転属、転籍、異動を命じられました。根底では、野球でずいぶんと迷惑をかけながら勤務評定が芳しくないための配転であろうなと思っています。しかし、不平不満はなく、長年にわたり有意義な経験をさせていただいた次第です。言い方が変かもしれませんが、劣等生だったお陰で貴重な体験に巡り合える機会を与えてもらえたと心底思っているのです。劣等生であったことに感謝さえしています。仮に優等生で本筋のバリバリの地位にでも就いていたならば、こんな貴重な体験はできなかっただろうと感謝している次第なのです。

野球の世界で貴重な体験をさせていただいたことと併せて、生活の基盤となったサラリーマン生活にも感謝しています」

審判が足りないんです

審判が足りない！という企画を、後輩の記者が夕方のローカルニュースで放送していた。２０２３年4月のことだ。

その記者は「１００年以上の歴史を持つ高校野球。しかし、今、ある存在が足りず危機的状況なんです。時には試合ができないこともあるというその実態を取材しました」というスタジオのコメントで始まる、およそ10分間のＶＴＲを放送したのだった。

舞台は三重県。出てきたのは高校野球をジャッジする審判の人たちだ。四日市市のとある高校には2校の練習する野球部員の姿が……。しかし、主役は「ストラーイク！」と声を上げる40人もの審判員たち。三重県の高野連が審判員のスキルアップを目的に開いた講習会だった。

審判部長がこう言う。「ランナーが1塁につきますので、ダブルプレーの練習をします！」

きわどいプレーとなったときにも求められる正しい判断。動体視力も試されるし、審判も緊張する瞬間となる。その様子がしばらく伝えられた後、指導する側の審判部長のインタビューでは、こんなコメントが……。

「注目されとるんは大谷翔平かもしれませんけどね。アウトの判定で左手使うのはあり？いっぺん、どっかでやってみようかな？とか、ぼくらはそんなところばっかり見とる」

WBCでの「侍」たちの試合を応援する間も、気になるのは選ばれし「世界の審判員」たちの一挙手一投足だったとのこと。それは、よくわかる。そんななかで、三重県の高野連関係者は切実なる思いを話していた。

「やり手がいないんですよ。『お前、審判なんかようやっとるな』という野球経験者も……」

悲しみに打ちひしがれる胸の内だった。

野球人口は減少の一途。ピーク時には三重県には80人ほどいた審判員も、今ではその3分の2ほどだという。審判がそろわなくて、球場に選手がいるにもかかわらず日程をずらさなければならない事態も、前の年には起きていたとのこと。三重県の場合、試合のときには交通費と数千円の手当は出るものの、プロテクターなどは自前を使用。審判員のほとんどが平日は仕事を抱えている。永野もそんな三重県の審判員と同様、甲子園に通って「奉仕活動」に30年打ち込んだという話はすでにお伝えしたとおり。審判を取り巻く環境、野球を支える側の環境は悪くなる一方なのかもしれない。ＶＴＲに登場していた審判員のコメントは、「タイヤ工場でタイヤつくってます」「医療関係ですね」「私は役所に」などなど。

クローズアップされた審判になって20年の男性は、平日は三重県内のとある市の施設で引きこもりや認知症の人などを支援している社会福祉士だった。３月に入ってからは土日祝日はほぼすべて練習試合でのジャッジ。年間にすると１００試合以上をジャッジしているという。

「でも、好きでやっているからしんどいとは思わない」ということだが、もともとは野球経験者ではないとのことだった。20年前にたまたま目にした夏の甲子園に魅了され、審判になろうと決めたのだった。男性はこう話していた。

「球審がベストポジション。キャッチャーの後ろで見渡せて、試合との一体感というのは職場では味わえない」

男性は２０１８年の夏の甲子園１００回大会で、三重代表の審判として塁審を経験したのだと言う。印象に残っていることは？

「夏の大会だと一球一打への歓声とかが盛り上がりそうだし、きわどいプレーだと一瞬静まるんですよね……」

甲子園での活動中は2週間の長期休暇を取ったと男性は言う。永野が「会社がよく許してくれた」と自身の30年の甲子園生活を振り返ったように、その三重県の代表審判も仕事と家庭の両立は大変だという思いを打ち明けていた。

「本当に気持ちがないと……。週末に会う約束をするような彼女がいても、土日は練習試合に捧げられるのか？など、現実は厳しいですよね」とわかりやすく困難な活動であることを表現していた。こうした声を聞くと、永野の審判人生は「とんでもない」ことだったろうと思う。

そこまでして「審判」として献身できるのはなぜなのか？

三重県の審判講習会にいた人のなかに、春に大学生になったばかりの男性がいた。

「目標は130キロ以上投げることと、21世紀枠で甲子園にと思っていたんですけど……」

この男性は、高校時代はピッチャーで、去年の夏の県予選では初戦敗退。相手は強豪校。大学でも野球は続けるつもりでいたが「肩が上がらないというか痛くて……響く感じで」と全力投球ができなくなったのだと言う。正直な今の気持ちは「ほかの人たちが全力で野球しているのを見るともどかしさはある」。どうしても野球から離れられず審判を志したとのことだった。

そして、3日後には正式に審判員として練習試合デビューが決まっていた。目標は、数を重ねていつか審判として甲子園に立てるようになることだと言う。思い描いたのとは違う形で歩み始めることになった野球人生だろうが、審判には審判の方たちの人生があることがよくわかったVTRだった。そして、永野が歩いた審判人生は、簡単に「すごいですね」とは言えないこともあらためて感じた次第。

土佐高校キャッチャーとしての忘れ物を取り返したいという思いが、そうさせたのだと理解するが、人生をかけて30年もホームプレートの後ろでジャッジし続けたことは、話を聞くうちに空恐ろしささえ感じてきた。正しく判定して当たり前、間違えば針のむしろ。すべての審判員に「ご苦労様です」と言いたくなった。

第六章　金属バットに「物申す」

金属バットの功罪

野球のバットは元来木製だけだったのが、高校野球界は１９７４(昭和49)年の夏の大会から金属製バットを認可し、木製との併用の形となった。現在も同様だが、実態は金属バット一色に近い状態となっている。併用とは知らなかった。

金属バット採用となった主な原因は、木製バットは折損するケースが非常に高い確率で発生するからである。まれに新品を購入して初打ちで折損ということもあり、高価な商品が途端に使えなくなる。悲しい出来事だ。そして、買い換えてもまた折れる。「これでは、たまったものではない。ましてや公立校野球部の少ない予算では気の毒です」と永野は話す。

木製バットは板目側で打つと折損しやすい。うまく打てなければ折損と隣り合わせ。柾目で打つ、そして芯で打つのが上手な打撃といわれるのだが、その狭い面積の芯で打つことは容易ではない。こうした観点から金属バットの使用を認めて、経済的な課題を克服しようとしたわけだ。

「金属バット使用開始からざっと半世紀ほど経つが、この間多くの変遷があった」と永野は回顧する。初期は一体物の中空品だったため、打球は「キーン！」とけたたましい音をたてた。野球部による練習場近隣への騒音公害ともいえる状態になり、社会問題にもなった。全国津々浦々に練習場があるため、その対策としてバットの先端をカットして消音対策が図られた。

この中空形状は薄い板が原材であるため撓《たわ》みの性質が大きい。この反発力を利用したメーカーの開発競争が激化した。打球速度と飛距離のアップが高校野球を変えていったのだ。ホームランの増加のほか、バットの反発力アップによる野球の質的な変化が現れた。木製バットでの打撃術とは明らかに異なる現象が多発し、投手受難時代になった。木製バットは狭いスイートスポットで捉えないとヒットが出にくいが、金属バットは許容範囲が広い。当たり損ないでも手に衝撃は少なく、痛い思いをせずにヒットにできる。その後、何としても金属バットの反発係数を落として、飛びすぎる打球の抑制に取り組まなければ、との声が出てきているが、永野の言葉を借りれば、「高野連を初めとして、ようやくそこへ着手する段階へ入ってきましたね」ということ。

2024（令和6）年春から「低反発の金属バット」に移行することになった。現行のバットより打球速度も抑えられ、木製バットにより近づくことになる。導入の目的の一つには投手の怪我防止もある。その速い打球に対応できずにこれまで事故も起きている。ピッチャーライナーだとわずか0・4秒ほどで打球は投手のもとに到達する。顔面直撃となる危険性はできるだけ排除しなければならない。芯で捉えなければ飛ばないということになれば、高いレベルのバッティングが求められることになる。

金属バット使用についての議論

「やまびこ打線」で鳴らす徳島・池田高校が甲子園で優勝した1982（昭和57）年以降、野球は完全に打撃主体の流れへと入った。金属バットの特製を活かしたパワーあふれる打法の炸裂……。ちょうど私の高校時代とも重なる。その転換期で審判員として金属バット野球を目にしていた永野。その年の甲子園決勝戦は春も夏も永野が球審を務めている。永野は野手が打球を待って捕るようになったのも、金属バットの弊害と指摘する。優秀なバットの製造技術が、野球がどんどん下手になっていく道をつくり出したといえよう。皮肉なものだ。

さて、金属バット使用について、永野は高校野球関係者と長らく議論してきた。これは2019（令和元）年に高校野球関係者に宛てた永野の送信メール。「どなたとのやりとりかは申し上げられないが……」という約束のもと、一部を抜粋してお伝えしたい。

●2019年9月　永野からの送信

低反発性金属バット、および投球数規定について。

先ず初めに、本件に関する動きがありまして、「金属製バットの基準見直しは、ようやく着手することになりました」というニュースが飛び込んできました。朗報ですね。

●2019年10月　永野からの送信

ご無沙汰いたしております。

変わらぬご活躍に対しまして敬意を表します。

いつも何かと勉強させて頂いております。ありがとうございます。

今日は、突然のメールになりますが、「低反発性金属バットについて」送らせて頂きました。

高校野球界において、このテーマで、近く変革が行われるのではないか……と推量しているのですが、大きな変化が起きるような気がしております。と申しましても、小生は高野連との直接のつながりは既にありませんし、野に下った人間ですので、外野席からの声になりますが、すべてに大きな影響力をお持ちの貴殿に遠吠えの声をお聞き頂ければ大変ありがたいものと考え、この送信に及んだ次第です。どうぞご容赦ください。

高校野球において現状での最も大きい問題点の一つは、飛び過ぎる（打球が速すぎる）高反発性金属バットの規格（仕様）が世界水準と異なっていることと、木製バットと同レベルの低反発性金属バットが存在しないことだと思います。これによって、打撃面は勿論、守備力においても技術能力を低下させることになっていて、技術進化を阻んでいるという局面をいたるところに感じます。

木製バットと金属製バットとの性能差はスイートスポットの面積差により、打撃術への差として現われていると思います。金属バットでは簡単に安打が生まれますよね。一例ですが、先の「U—18」における結果にも、如実に現れていると考えられます。木製バット使用に不慣れなための拙劣なバットコントロール、打球処理が伴う守備力の低下などにも、高反発性金属バットに慣れた野球のレベル差がはっきりと見て取れます。いわば、このままだと日本の高校野球（少年野球の分野も）だけが「ガラパゴス化」しているような状態になっていると感じられます。

そこで、できるだけ早期に（あるいは喫緊かも）、この高反発性の仕様から低反発性へと転換すべきと感じます。それによって選手の技術能力も向上を始めるし、別テーマである「投手の投球数規制問題」にも直接の局面変化が出てくるのではないかと推量する次第です。この仕様変更が実施される場合には少年野球（硬球、金属バット）も同時に転換して、野球レベルの向上化、統一化を図ってほしいものですが……。

それで、低反発性金属バットの仕様周辺の話を聞くところでは、現在これを製作しているのは米国だけだそうで、基準の設定は向こうに検査機関が一任されているため、日本メーカーが使うには経費がかさみ、価格が上がります。また、現時点では日本の安全基準もクリアしないようだと仄聞しています。しかし、そこを何とかクリアしようということでやっと高野連も動き出したようです。

このテーマが前進し実現したあかつきには、健全な高校野球の基礎あるいは価値が蘇ってくるのではないか、そう思えるほど「飛び過ぎる金属バット」の弊害は大きいのではないかと愚考します。

投手側の受ける影響は計り知れないものがあって、投高・打低となり、「正規の」野球へと変質できるのではないかとさえ思われます。従って、「球数規制」のテーマも独り歩きさせるのではなしに、バットの問題と有機的に結び付けて判断し、現状案にとらわれない基準を再考するのがよいのではないかと愚考します。私見ですが、高校野球では、投手として登録される数は現在ざっと考えて約5000人位として、球数規制の対象というか、その必要性のある数が果たしてどの程度なのか？　小生はこのテーマにはもともと反対ですが、たとえば3年生最後の試合で投球する方たちがいかほどなのかは別にして、飛ぶバットなので、あっという間に大差コールドゲームで「もっと投げたいのに」「最後のマウンドにもっといたいのに……」という選手がたくさん、たくさんおられるだろうと思います。教育現場の問題としても考えてみるべきでしょう。

「球数規定」の話が前進した今春以降、対抗策として、それならファウルを打つ練習をさせよう」ということを多くの指導者が考えている（いた）ようですが、この話を聞いたときには、小生が高校野球に携わってからの「最悪」の思いを抱きました。

そんな規定がなぜ要るのか？　故障回避、健全強化は必要ですが、そこは指導者の問題だと考えるのが妥当ではないかと思います。プロやMLBへ一体いかほどの人数が行くと考えているのでしょうか？　大変無礼で、不十分なところもあるかと思いますが、「低反発性金属バット」への移行はプラス面が多く、これまでのマイナス面を大きく払拭できるそのメリットを是非とも実現できるようにと念じております。何かとお力添えを頂ければ望外の幸いです。（外野席からではありますが……）ありがとうございました。

●ある野球関係者からの返信

「基準見直しに着手することが決まった」のですか。何はともあれそれは朗報ですね。この問題は高野連の基礎的な運営要素（ボールが飛び過ぎる）だと思います。よかったですね。逡巡していたのが前へ進めるようになったのはどんなことからだったのでしょうか？　是非ともお尋ねしたいのですが……。そして、私見ですが、この動きは少年野球の高反発性金属バットを使っている組織にも、この際ぜひとも共通した仕様へと改変して頂きたいと強く望みたいと存じます。打球差による選手の技術レベルの向上と投手の負担減へのキーポイントとして寄与する改変になるものと推量します。この差異は強力なマスメディアさんに先導をお願い致したいと願望する次第であります。

●2019年某日　永野からの送信

しかし、この問題は何としても、日本の高校野球および高反発性少年野球金属バット採用からの脱却（仕様変更）をしないとガラパゴス化が避けられない重大な課題だと思われます。この種の問題への対処は、高野連内に設けた技術専門委員会（名称不詳）でしたか、そちらの担当テーマではないかと感じましたが、組織として対処すべき問題だと思いますが……。この問題は理事会では、「球数規制問題」とは切り離して議論されるべき重大なテーマだと思いますが、ご高見を承りたいと思います。

●2019年某日　永野からの送信

その後もお元気のことかと拝察します。今日は空気がガラッと入れ替わったみたいですね。勝手なもんで、熱さが懐かしいような……。

突拍子もないメールで失礼ですが、金属バットによる飛び過ぎ、打球の速すぎの問題に執着しているのですが、論拠もなく小生はボールの反発係数を抑えて飛ばないようにするのがいいのでは……とずっと主張していたのですが、これは「誤り」であることに気づきました。

木のバットに戸惑う高反発性バット使用の選手、今回のU―18でもそれが如実に現れているようで、それに反して低反発性金属バットを日ごろから使用している台湾、韓国選手は木製と変わらない性能品に慣れているので、木製はお手のもの……というわけでしょうね。投打守にそれぞれ差が生じるはずですよね。結果も正にそのとおりになって……。

低反発性金属バットはアメリカしかないようですが、(台湾・韓国はアメリカ製使用とか)今の日本の高校野球はその点で、本来の野球である「木製＝(ほぼ)低反発性金属バット」の世界から置いてきぼりにされていることになりますね。こんな情勢から考えると日本高野連は早急に低反発性金属バットへの仕様変更とルール改正を実践する必要に迫られていると切実に思います。

その功罪と問題点を整理することによって、「レベル(質)の高い野球」「投手の負担軽減＝球数と変化球多投から減へ」「打球飛距離と速度の減(危険減)」「打球性状の変化による守備力向上」そして「木製バット折損対策としての金属バット継続使用には何の障害も問題も無い」など、仕様変更による「功罪」は野球の質を向上させるためにはむしろ利点ばかりではないのか、ということになりませんでしょうかねえ。

冒頭に書きました「誤り」というのは、たとえば、ボールの反発係数を抑えて飛びにくいボールにしたあかつきに低反発性金属バットを採用したとしたら、これはもう「飛ばなさすぎ」になると考えられるため、将来のためにはやはり「低反発性金属バット」指向であるべきだと考えます。なお、国内でもあちこちの少年野球チームで低反発性金属バットと木製バット使用増加へ……という動向があるようです。

余計なメールになって失礼でしたが、今回のU―18の状況を糧にバットの仕様変更に踏み切って行くべきではないかと愚考する次第であります。失礼しました。

日本高野連は事故防止を目的に2022年2月18日に理事会を開き、金属バットの新基準導入を決定。現行の最大直径67ミリ未満から64ミリ未満に。打球部の素材の厚さは約3ミリを約4ミリに変更することになった。永野がひんぱんに関係者とメールをやりとりした2019年夏の甲子園では、岡山代表の投手が顔面に打球を受けて骨折。その後、実験を繰り返した高野連のデータでは、低反発性金属バットを使用すれば、平均の打球速度は約6キロ低下するようだ。社会人は2002(平成14)年から木製バットを導入。大学野球は一貫して木製バットだ。

「佐伯達夫さん、天国からのメッセージ」前置き

永野は、2016(平成28)年、以下のような文章を残している。ある日、メールで送られてきた。自分を甲子園に連れ戻してくれた恩人とでもいうべきか、1980(昭和55)年まで日本高等学校野球連盟の会長を務めた佐伯達夫さんに思いをはせ、以下の前置きにもとづいてフィクションにして綴ったという文章で、そこに永野の本音というべきか、根底にある強い「高校野球愛」を感じたのである。

永野元玄　記

高校野球の最近の状況に照らして、「仮想文」を書いてみることにしました。

これは無礼も甚だしく、とんでもないフィクションとしての私書であります。

全国4000校を母体とする日本高等学校野球連盟による、硬式野球の甲子園大会を頂点とした世界にも類まれな大組織の競技運営の歴史は、足掛け100年をこえ次の世代へと受継がれています。2年後には選抜大会が90回、選手権大会が100回を迎えることに。何とも素晴らしい伝統と歴史であることかと。翻って過去と現状をじっくりと見据え、日本高等学校野球連盟旗に描かれている「F」の文字の深く重い精神に、多くの関係者がどの程度の理解度を以って接しておられるだろうか……。

あしらわれた「F」の一つは、連盟を意味するフェデレーション。そのほかにも3つの意味が込められています。ファイト（闘志）&フレンドシップ（友情）&フェアプレー（正々堂々）。

そして、今一度その原点に立ち返ることを新世紀スタートの時期に考えてみることには大きな意義があるものと思われます。なおさらそう感じさせる事象が近年どんどん増え続けている傾向にある。つまり、勝利至上主義のチーム作りがあちこちに氾濫してきている実状で、このまま放置されれば社会問題として世論も動き出すのではないかと推測されます。

私見ですが、社会問題化することは、それはそれでよいのではないか。行き着くところまで行って、原点へと立ち返る……それしかないような気がしています。

公立校、私立校で運営や経営形態が異なるのは当然だし、私学におけるその自由度は公立校とは比すべくもないものと考えますが、他の種目はいざ知らず、野球に関する限り広告塔的な扱われ方が増えて、またそれは少子社会のなかでの学校経営のための資産となる要素であるのでしょう。財力を持った経営母体がその一挙両得を狙って動き出したら結果は容易に想像できます。高校野球加盟校約4000校のうち私学は約2割です。ところが、試合結果を見ると、甲子園大会の結果がすべてではないが、私立が優勢であるのは事実。

私学のやり方に対して短絡的に異を唱えるものではありません。ただ、その背景にある実態については様々な余聞などが流布されています。もし、それが事実だとすると、これは大変なことと思っています。実態調査によるしかない問題ですが、裏で「金」が動いているとすれば由々しき社会問題なのです。

私学の多くは当然ながら真っ当な形で経営運営されているはずです。

ただ、こんなテーマについて書く気になったのは、愚生の母校（私立土佐高校）の実態を承知しているからです。厳正なテストの結果により入学の合否を決めています。たとえ教諭や学校関係者の子女であっても一切、情実の入り込む余地がない仕組みで学校運営がなされています。土佐高校に限らず、こうした学校は多いものと思われますが、私学では固有の特徴・特性を持たせて活かしての教育が多彩に行われていることも推察できます。

私を甲子園に導いてくださった高野連の佐伯達夫元会長は、かつて「高校野球は教育の一環である！」「郷土のため、己を虚しくして戦う」と説かれました。多くの要素が含まれている「教育」を指してのことだと思われます。根本には道徳的なこと、礼節のこと、「F」マークに込められた深く重たい精神的支柱があり、大きな基盤となっているのだと感じています。

そうした認識基盤に照らしたときに、勝利至上主義へ奔《はし》ることによる弊害や綻びがそこここに出始めているように感じられるのです。今年の第98回大会に於いても然りで、さまざまな不協和音などが聞かれました。私学だからどこへ入学しても構わないけれども、立地する地域との不可分な関係と謙虚で礼節を尊ぶ精神は真っ先に存在すべき事柄であるのではと。残念ながら地元高校（応援団）から、こともあろうか、自分たちの高校の野球部に向けてのヤジが飛ばされる場面もあったと聞く今年の大会でした。

先年「野球留学問題」が社会問題として大きく取り上げられた際にいろいろな実態調査などがあったことは周知のことです。その後も「特待生」扱いに関する線引きなど継続問題としてずっと尾を引いている状況もあります。そんな実態に照らして、いよいよここらで高野連として何かの方策なり手を打つ必要に迫られてきた、その時期にきたように痛感します。

そこで、冒頭にお断りとお詫びを申し上げた次第ですが、卓抜した指導者でいらっしゃった佐伯元会長にフィクションの形でご登場願って「大先輩」からのお言葉を拝受したいものと甚だ勝手で無礼なこととは知りつつも、今の高校野球界の問題点について何としても「天の声」を拝聴させていただきたいものと、往時を思い出しながら畏れ多くも仮想コメントを綴らせてもらった次第であります。おそらく、こうおっしゃるのではないでしょうか……。

佐伯達夫元会長の墓参りをする永野
2023年4月26日　大阪の瓜破霊園にて

フィクション「日本高等学校野球連盟　佐伯達夫より」2016年

100年間を経た高校野球が変わらず盛んに続いていることはご同慶至極。

新しい世紀へ差しかかった今こそ腹を据えて、教育の一環であるという原点へ今一度立ち戻って、「F」の基本精神を皆が尊ぶ土壌のなかで「無心の球を無我の境地で追い続けることこそ高校野球の生命である……」という取り組みを日々続けてもらいたい。

話は変わるが、次々に野球仲間が増えてきて、有意義で楽しい野球談議をやっているよ。僕もそうだが、聞けば3月に旅立ちされた人が多いのは不思議だなあと。柴橋さん、吉川さん、尾藤さん、小林さん、達摩さん、牧野さん、松井さん、郷司さん、山川さん、三宅さん、田中さんなども……。

これまでも「野球留学」の問題が広く取沙汰されたと聞いているが、直近にも再燃しているらしいなあ。

私学に多い問題だろうが、いい選手を集めて勝利至上主義で鍛えたら強くなるのは必定だ。公立校は8割がたを占めているらしいが、最近では甲子園への関門は狭いとか。

致し方ないことだが、要は「野球留学」的な形でチーム作りをすることの是非、公正・公平の観点から社会常識に照らしてどうなのか？　これは絶対許されることでなく、これが事実とあらば高校野球の根幹を揺るがす大問題。補強のために裏でお金が動いているとの話も聞いているが、最近また一部の学校でその噂が出ているようだと聞いた。事実なら由々しきこと。こうしたことは推測とか噂だけで対応できる問題ではないので、もしもそういった事実があるのなら連盟として実態調査に乗り出すべきではないか。

一つの方法としては、すべての参加私学に対して、かかる問題や風評などについて、アンケートをとってみるべきか。公立校へのアンケートは止めときなはれ。

勝ちたい、学校をPRしたい。それもわかるが、純粋な精神のもとに切磋琢磨して日々努力する、そして文武の苦しみを味わいながら努力することこそが、長い将来への尊い糧になることを忘れないでもらいたいね。此処で培ったことが勝った負けたなどより人生における体験として尊いことだと思う。「高校野球は教育の一環である」ことと「郷土のため、己を虚しくして戦う」ことを昔から提唱してきたはずだが、今の世の中、商業主義でもあり、財力を握っている学校は思うさま拡大や強化が可能となるのだろう。あくまでも高校野球は質実剛健であるべきであり、経営者・指導者のわがままは厳に慎むべき。ものには限度がありまっしゃろ。きちっと節度を持ちなはれや。

野球技術のレベルはあがっているらしいが、「F」の精神で、不祥事を起こさない日々の心構え、真面目で真剣な取り組みを切に望みたい。全国に約17万人いる仲間のなかで公式試合に出られない部員が約10万人いることを決して忘れないように、そして野球部を経験した多くの人たちが社会に出て立派に活躍してくれることほど、嬉しく素晴らしいことはないと天国から祈ってる次第。ありがとう。

永野にとって、佐伯さんという方が心の師であるということがあらためてよくわかる。この文章は立場上、世に広く語れないなかで、周りの近しい人たちに宛ててしたため、伝えたもの。高校野球の現状を看過できなかったようだ。気を使いながら、まわりくどい表現のところもあるが、高野連という大きな組織を知っているからこそ「間接フリーキック」的表現をとらざるを得ず、永野の一人称でバッサリ言えないところに問題の根深さが見て取れる。

いわゆる「野球留学」は、甲子園という舞台による利益があるからこそ常態化したのは間違いない。学校が部活動を経営の大事な材料とするのもわからないではない。最高の環境を整え、そこで生徒が研鑽しプロの世界に羽ばたき有名人になるケースもあれば、怪我で続けられなくなり、部活どころか学校まで辞めることになったという生徒の話も珍しくない。挫折してもそこをどう乗り越えるかを学ぶのも大事なことのはずなのに、勝利至上主義や指導者の方針次第で「自分はダメな人間」と悟り切ってしまう環境であってはよくない。一回の怪我で人生そのものの目標がついえたりするのはどうかと思う。

47都道府県の甲子園出場校の生徒たちが、すべて地元で育った生徒かと思いきや、大阪弁を話す北陸チームの生徒がいたり、共通語を話す東北チームの生徒がいたりと、その地域から集まった最強集団ではないということを初めて聞いたときのショックは忘れられない。そんな生徒たちで構成された代表校に、テレビを見る側も、もはや慣れっこになっている。反対に、地元中学から集まった生徒だけのチームのほうが全国レベルでは圧倒的に少なく、珍しい。プレーする側も将来、大きなステージに立つべく、どこに進むのが有利な道となるのか、鼻を利かす。そうしたニーズが根強くあり、たとえば、サッカーJリーグのクラブチームが学校活動以外の受け皿として魅力的な道しるべとなっていたりもする。どんなスポーツ組織が生徒たちにとっていいのだろうか？

応援する側の大きな動機となる「地域代表制」の忠実性は、どこまでどうしばりをつけられるというのか？　だれもが満足す

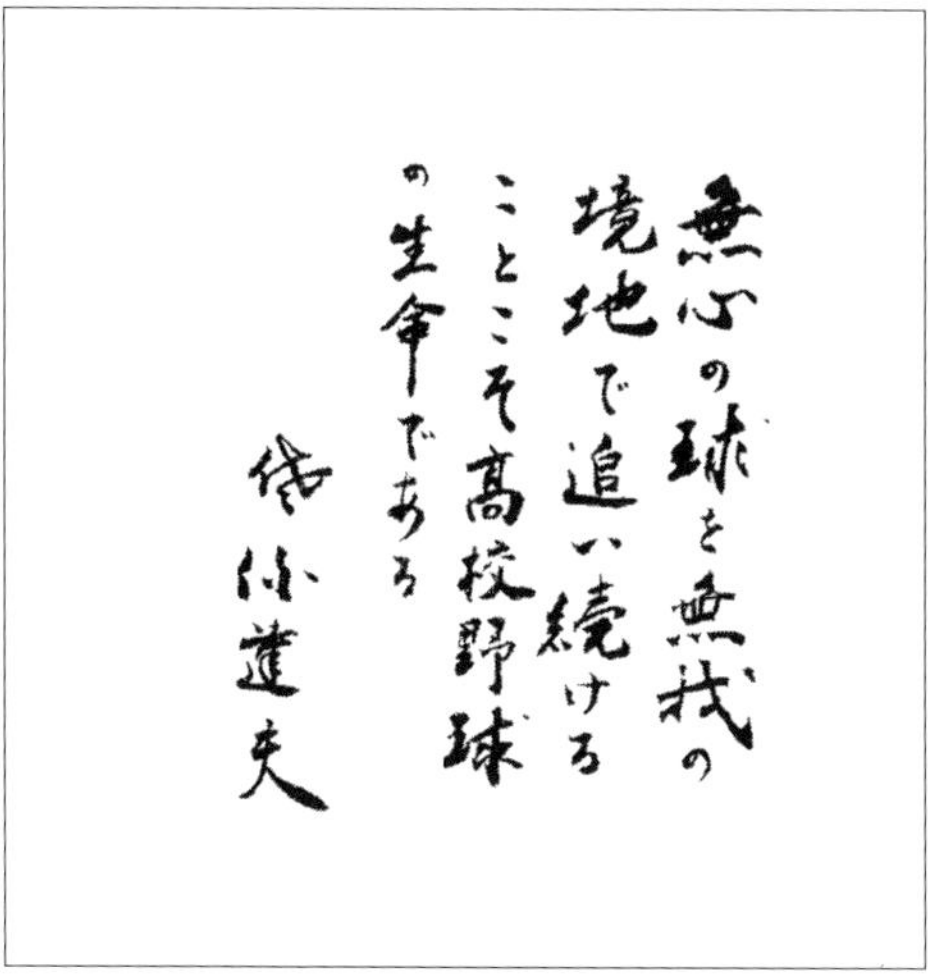

永野が大切にしている佐伯達夫氏の揮毫
高校野球のあるべき姿が伝わってくる

るあり方を提示するのは至難の業であろう。逆に「好きなところで学ぶのに何が悪いのですか？なぜ、そんな排他的な考え方をするのでしょうか？」という声もあってしかりか……。ただ、まるで人身売買のごとく「金」が動くとなるとアマチュアリズムの精神を大きく損ない、金さえ払えば何でも許されるのかということになりかねない。そもそもプロ野球の契約金とは違うのだから。異常なペースで少子社会を突き進む日本で、この「勝利至上主義」が解決される日は来るのだろうかと思ってしまう。何が功で、何が罪なのかよくわからない時代が続いていると長年感じている。

カウントコールと判定ジェスチャー

日本高等学校野球連盟は、1997（平成9）年春の第69回選抜大会から、球審コールを、ボールを先、ストライクをあととする方式を採用した。それまでは大リーグを初めこの方式が世界標準だった。国際大会を見据えて移行することとなったのだ。高野連は1997年2月5日開催の理事会審議を経てこれを決定し、発表した。

1ストライク、2ボールと言っていたものを、2ボール、1ストライクと順番を逆にするというものだ。1ストライク、2ボールと言っていた世代からすると気持ち悪くて仕方がない。今でもなじまない。習慣とは恐ろしいものだ。

なお、プロ野球日本野球機構（NPB）は2010（平成22）年シーズンからカウントのやり方を変更した。社会人野球、大学野球なども追随した。球場のカウント表示も「BSO」（ボール、ストライク、アウト）の順へと変更。当初、かなりの違和感があったが、変わるものは変わる。大リーグ中継にもひんぱんに日本人選手が登場するようになり、野球とベースボールの距離感が埋まってきているのは間違いない。

「野球競技の何かにつけての原点は『草野球にある』と思っている」と話す永野。base-ballを「野球」と訳して名付けたのは中馬庚《ちゅうまかのえ》（〈ちゅうまんかなえ〉とも）氏であり、ball in the fieldから来ている。そこにはスコアボードもなければカウント表示板もない。それが原点。ルールをベースにして、試合を司っていくのは審判である。回数、アウトおよび投球カウントは手にするインジケーターによって管理されている。この管理用具一つによって選手全員が共通認識をベースにして試合を進めていく。選手一人ひとりがカウントを認識することがもとになるわけだが、審判が折りに触れカウント表示をすることは義務でもある。設備の整った運動場、競技場がざらにあるわけではないので、そうなっている。草野球が原点というのはそのあたりから来ているようだ。

試合中に判定が下される頻度の最も多いのは「ストライク」と「ボール」。そのほかには「アウト」「セーフ」「フェアボール」「ファウルボール」など。

そして、ジェスチャーについていえば、審判による判定のジェスチャーの基本は、ストライクは右拳が肩の高さより上に！　アウトは同様に右拳が肩の線より上に！　ということだ。現実に照らすと、特にMLBおよびNPBに見る審判の動作には、たとえば「ストライク」のジェスチャーは右拳または右指先を水平方向に突き出して宣告する場合が実に多い。

永野は「これで全方位から同時に判定結果がわかるであろうか？　わからなければ混乱を生み出すもとになるのに。拳を肩の線より上方に挙げさえすれば一目瞭然であるのに」と言いたいそうだ。さらに、「テレビ中継を見ている人には何でもないことだが、現場にいる選手、観戦者には角度によっては見えない、わからない、ということになるではないか！」とも。「どうしてこんな大事でシンプルなことが守られないのだろうか……。腹立たしい」と永野は吐きすてた。

「ボール」の判定についても聞いた。ストライクは右手、ボールは左手表示とされているが、これはほとんど実践されなくて、「ボール」を声で宣告するか、または黙しておれば自然に「ボール」となる。

永野の「ボール」宣告についてのやり方（対応の仕方）はどうだったのか？

原則としてストライクと同様に声に出して「ボール」を宣告してきたという。捕手と打者にわかれば最低限事足りるが、球審の右手が挙がらなければ、「ボール」であるから周知はされる。判定の基準としては、ストライクゾーンに近い範囲の投球に対しては必ず声を出して、「ボール」を宣告。際どさ加減によって声量を加減してきたとも。明らかに「ボール」とわかる投球に対しては黙して対処。

野球場は広いし、各種のプレーとそれに対応した審判の判定が発生する。選手と観客はその判定を確かめるのに主としてジェスチャーと声を頼りにする。それだけにジェスチャーは重要な位置付けとなるわけだが、それゆえ全方位から見えるジェスチャーではない、拳の位置が肩の高さより低い位置でのストライク&ボールの判定は、自分勝手というか「マイペースのやり方のように思う」と苦言。

そのジェスチャーも含めた状況が一目瞭然にわかってこそ、次のプレーにもつながっていく。テレビで放送されていたとしてもわかりにくい角度などがあるのではないかと思い続けているそうだ。そして、疑義のある判定への説明が必要なケースが発生するが、何でもかんでも対応すべきではなく、説明をする場合は、丁寧さが欠かせない。プロ野球を初め「チャレンジ」制が珍しくなくなってきたが、格段に進歩した対応機器が増えている情勢下で、チャレンジの場面が頻発する成り行きは理解できるとしながらも、「古い自分の感覚ではついていけないことでもあります」と永野。

先のサッカーW杯の日本チームを救った「三苫の1ミリ」は、映像解析がなければありえなかった。審判の裁量でどちらに転ぶんだ?という余地がある時代から、今ではより客観的に正しく判定されることで「公平性」が保たれるようになった。こうしてプレーヤーが疑問を持たなくてすむのは喜ばしい環境だと感じる。ただ、審判の目を盗む、審判を欺くというズルさも「スポーツ」では重要なスキルだと思うが、野球に限らず、そんな選手を目の前にして永野がどう思っているのかは答えてもらっていない。

隠れたファインプレー

1991(平成3)年選抜大会決勝戦。松商学園(長野)対広陵(広島)での出来事だった。初回からお互いに得点を取り合う展開で、5対5の同点のまま最終回を迎えることとなった。9回表、先攻の松商学園は無得点に終わり、後攻の広陵高校の攻撃となり、広陵は粘りを見せ、2アウトながら1、2塁のチャンスを迎えた。

松商学園の守備陣は得点を阻止して延長戦へ持ち込むべく前進守備を布いていたが、広陵のバッターが放った打球は右翼手の頭上を超え、フェンスに跳ね返って外野の芝生を転々とし、その間に広陵のランナーが生還、まさに劇的なサヨナラゲームだった。

両チームの選手がホームベースを挟んで整列していたが、松商学園の中堅手・清沢悦郎選手が1人だけ遅れて列に加わった。清沢選手は、外野を転々としたボールを追いかけて拾いにいっていたのだった。試合後の礼を終えて清沢選手が広陵のキャプテンに近寄って行き「優勝を決めたボールだよ」と、そっと手渡すところを目にしたという永野。

その時「これこそ、本当のファインプレー」と清々しく嬉しい気持ちになり、実際のグラウンド上でのプレーでは見られない、隠れたファインプレーを見せてもらったと振り返る。

大会終了後、どうしてもこのことを伝えたいとの思いに駆られ、松商学園の中原英孝監督（当時）のもとへ新しい大会球2個を添えて手紙を送ったという。

メッセージは「甲子園という独特な雰囲気のなかで、清沢君が取った冷静で味のあるプレーを見て、清々しい思いになりました」という内容だった。中原監督はこの手紙で初めて清沢選手のファインプレーを知ることとなり、ボールを清沢選手に渡した。

清沢選手は大学を卒業後、父親の会社に就職、その後結婚したとのことだが、その結婚披露宴の席で中原監督は甲子園での清沢選手のファインプレーを披露したところ、万雷の拍手だったそうだ。清沢選手はこのエピソードをそれまで誰にも話したことがなかった。「それほど意識していなかったから」という。

負けて悔しい思いもあったであろうなかで清沢選手がとった行動。

「さりげないプレーにこそ、高校野球の素晴らしさがあると、あらためて思わせてくれる出来事でした」と永野は目を細めた。

また、大リーグでは、2023（令和5）年シーズンから導入された「ピッチクロック」という制限時間内に投球しなければならない新ルールについて、イニング間に球審から説明をもらっていたときの大谷選手の行動がSNS上で話題になった。対戦相手のピッチャーが次の回の投球前のウォームアップ投球に入るボールを手にしたかったのに、球審が大谷選手と通訳の水原さんらと話し込んでいたために、どうやら待ちぼうけ。そのことを察知した大谷選手が、目の前にいる球審の腰から下がっているボール入れに手を入れ、相手投手に優しく投げ渡してあげたのだ。

彼の頭のなかには敵も味方もなく、その自然にできる振る舞いがアメリカの人たちを驚かせているようである。「なんて紳士なんだ」と……。清沢選手も同じ。すごいことをしているなんて意識はない。今さら遅いが、こんなことがさらりとできる人間になりたかった。

回想　「球審・永野さん」

永野家の2人の娘、長女・のり子さんと次女・ゆち子さん。現在2人は、京都市内の永野宅からほど近い所にそれぞれの家庭がある。一人暮らしの永野は娘2人に見守られている毎日。サラリーマンで審判を続けた父・永野を、娘たちはどう見てきたのだろう。話を伺った。

■審判ですから「ずっとデリケート」

娘2人が小学生のときに、サラリーマン・永野の単身赴任はスタートした。その後15年ほど別々に生活することとなった。父・永野の勤務先は、早くに週休2日制を取り入れていたそうだ。金曜の夜、仕事終わりに赴任地から新幹線などに乗って京都の自宅に帰宅。そして、日曜の夜(赴任地によっては月曜朝)に赴任地へ戻るというパターンが多かったと言う。

当時、公立の小中学校は土曜日の午前中に授業があった時代で、赴任先から帰ってきた永野は土曜の昼頃、娘が通う中学の正門前で授業が終わるのをよく待っていたそうだ。中学校のすぐ横にはゴルフ練習場があった。「ゴルフの練習に行くついでに娘を迎えに来たのか？あるいは、娘を迎えに来る口実でゴルフ練習場に行ったのか？これは謎です」とゆち子さん。

野球部の同級生らに「永野の父さん来てはるやん」と言われることもあり、とても恥ずかしい思いをしたと言う。しかし、娘から「来ないで」と言ったことは一度もなかった。理由はただ一つ。「それを言うと父が落ち込むと思ったからです」「とてもデリケートな父を悲しませたくなかった」と振り返ってくれた。

さらに、「大きな図体で落ち込まれると、家中がしばらくお通夜のようにもなるんでね」と姉・のり子さんは笑った。とにかく、野球雑誌が大学時代の永野を「繊細」と評したように、繊細な父親というのが娘たちの見方のようだ。甲子園の舞台で審判を続けるには、試合中、強靭な精神で微妙なプレーを裁定しなくてはならない。判断基準となる詳細なルールブックも頭脳に刻み込まれている。繊細でないわけがない。そんな永野と話すと、何もかも見透かされているような気がしてならない。私は。

■「こっそりクラシック」

永野の妻・武子さんは、大学の音楽学科で声楽を学んだあと、自宅でピアノを教えていた。そんな環境もあり、娘たち2人もピアノを習うことに。親子では難しいだろうということで、娘たちは武子さんの音楽学科時代の先輩に教えてもらっていた。

今でこそ「ピアノが好き」という次女・ゆち子さんだが、子どものころはレッスンは苦手で、好きではなかったようだ。でもせめてレッスンの前日には練習しておかないと、と楽譜を広げる。家には2台のピアノがあったというが、1台は裏のお宅に音が聞こえてしまう位置にあるため、夜は極力弾かないようにしていた。もう1台は家族みんなが聞こえるリビングのすぐ横の廊下に置かれていた。

夕食後、廊下で練習を開始する。まずは音階から。鍵盤を下から上がって、上から下りて来たら「パチパチパチパチ」と拍手の音。永野だった。そして練習曲へと進んでも、1曲終わるごとに拍手。曲が仕上がってくると、うっすら涙を浮かべて拍手してくれたこともあったという。

ゆち子さんは「盛り上げたいとか冷やかしではなく、上手下手の評価でもなく、人が頑張っている、ピアノの音色に心から感激する体質なんだろうなと思います」とほほ笑む。

永野は毎年元日にはテレビで「ニューイヤーコンサート」を見るのを心から楽しみにしている。昔からオーケストラを鑑賞するときは、大きな身振り、手振りでタクトを振るポーズをとる。「指揮者とキャッチャーは似ている気がします」とゆち子さん。そして、こう続けた。「そういえば、父の大学時代に同室だった先輩の藤田元司さんを『起こしてはいけない……』と布団の中でラジオのクラシック音楽を聴いていたエピソードを雑誌で読んだことがあります。藤田さんはそれに気づき、『音を出したらいい』とおっしゃったとか。そのエピソードだけでも藤田さんのお人柄が窺えますね」

永野のクラシック好きはこれまでにお伝えしたとおり。87歳の今でも、家ではタクトを振るポーズをとることは永野の「らしさ」となっているようだ。

■「魔法の声かけ」で極意伝授

次女・ゆち子さんが小学校のころ、地域の子供会でドッジボール大会を企画したり、公園のプールを監視したりと親たちはよく手伝いに駆り出されたとのこと。

ある日、その子供会から永野に依頼があった。内容は、少年野球をしている児童への指導だった。引き受けないだろうと思いきや、さすがに地域のことは断りにくかったのか、企画は進んでいったという。ゆち子さんが冷やかし半分、野球教室が開催される公園へ行ってみると、手にグローブをはめた野球帽の少年と保護者が緊張の面持ちですでに集まっていた。ちょっと遠巻きに見ていたので、何を話していたのかわからなかったが、真剣さは伝わってきた。そして、永野は自分と一緒にキャッチボールをする相手を募り1人の少年が出てきた。小学6年生くらいだろうか?

すぐさま少年と軽くキャッチボールが始まった。キャッチしては軽やかに返球する少年に、すごい！とゆち子さんが思った瞬間、永野は意外な行動に出た。自分の腕時計を外して、その少年にポーンと投げたのだ。少年は慌てて両手を差し出し、膝・腰を落として見事にキャッチした。

すぐさま「その受け方や！」と永野。

ボールを大切なものと思ってキャッチしなくてはいけない、と言いたいことは十分伝わってきた。

また、京都の立命館大学のアメフト部に永野が講演に行った後、アメフト部は学生日本一になった。そのほかいくつか永野が声かけしたことで成果が現れたというエピソードを、娘たちは幾度か聞いたことがあるそうだ。永野がそれぞれにどんな話をしたのか、詳細はわからないと言う。腕時計を大切にキャッチするときのような気持ちで「極意」を気づかせる、そんな「魔法の声かけ」ができる人なのだ。

■私「審判の娘です」

今はずいぶんテレビというものの価値が変わった。その昔は、箱の中の映像に映るなんてことがあったら、親戚一同で大騒ぎということもあった。

ゆち子さんが小学生のときに友だちの家に遊びに行ったら、テレビは高校野球の中継中だった。思い切って「この人お父さんやねん」と球審をしている永野の後ろ姿を指して言うと、「うそー」と笑われ、信じてもらえなかったそうだ。娘としては、かなりショックで、スコアボードの「永野」の文字が映ったら信じてもらえるかなと思ったけれど、都合よく映るはずもない。

その一方で審判・永野の娘と知った大人から「高野連からいくらもらってはんの？」と聞かれたり、「〇〇高校の〇〇選手に会わせて」と言われたりもした。

ゆち子さんが中学生の春休み、珍しく永野にくっついて甲子園へ行ったことがあった。永野は選抜の大会期間が印字された阪神電車の定期券を使っていた。高野連から支給されるものだったのだろう。なぜかすごく格好良く見えたと話す。「試合が終わって30分したら、この控室前で待ってて」と父親に言われ、待ち合わせ場所を確認すると別れた。観客席に1人座って観戦した。

そして試合が終わり30分経過。控室前で待っていると、上機嫌の男性2人が「そこで待ってても選手は出てきませーん。そこは選手出口ではありませーん」と教えてくれた。

「審判員の父を待っているんです！」と言いたいところだったけれど、そんな勇気もなく、パパ早く出てきてくれないかなと、じれながら待っていた甲子園のバックヤードの光景が、今でも鮮明に思い出されるそうだ。

■「家と外」違う人のよう……

審判時代の永野のエピソードのなかで、特に「らしい」と思うことは……。

「ここぞという局面でボールを替えてピッチャーに渡すときは、新しい球ではなく古い球を渡す」ということだと言う。新しい球は滑るからだ。

箕島対星稜戦で古い球を使っていたエピソードは知られているが、娘たちはどんなシーンで使うのかを聞いたことがあるそうだ。

永野「9回とか延長戦の裏、2死満塁カウント3ボール2ストライクのケースとか。普段から新球に馴染んでいない投手はけっこう多いはずなので、押し出しの予想されるケースなんかに通常通り投げられたらなあというときかな」

妻・武子さんはテレビ観戦しながらよく「家では掃除しないのに、ホームベースは丁寧に掃除してはるわ」と言っていたという。テレビで見ていると、小さなハケでかなり入念にホーム上を払っている。永野の東京にいる実の姉もテレビに映る永野を見て、武子さんと全く同じことを言っていたらしい。家族には信じがたい姿がテレビに映っていたようだ。

■「彼は、いいですね」高校1年の鈴木選手だった

父・永野は勤務先から、就職斡旋のための挨拶で名古屋の愛工大名電高校を訪れた。その日、グラウンドで練習中の野球部の1年生部員のなかにひと際光る選手を見つけたらしい。ノックを受ける姿が明らかに違う。当時の中村監督に「彼、いいですね」と伝えると「わかりますか!」と言われたそうだ。そしてその後、ヤングオールスターゲームで殊勲賞をもらったイチロー選手が、あの時の選手だと気付いたと永野が家族に話したそうだ。

こんなエピソードもある。娘・ゆち子さんが通う中学の野球部の練習を、永野が見に行く

ことになった。グラウンドでは、野球部の横で女子ソフトボール部が練習中だった。永野は野球部の見学はそこそこで、ソフトボール部の監督に「素晴らしいチームだ」と伝え、しばらくしゃべっていたと言う。そして、女子ソフトボール部は、その年に全国制覇をしたのだった。永野にはわかるようだ。すごい才能の開花が。

■「骨が丈夫」

学生時代の父・永野の試合中の写真を見ると、クロスプレーでかなり無理な体の動きをしている瞬間とも思えるシーンもあり、ゆち子さんは父親に聞いてみたそうだ。

「今まで骨折ってしたことある?」「いやあ、ないなあ」

怪我によって試合に出られなかった、ということはなかったということだ。

ただ「怪我といえば……」と語ってくれたのは、「大学1年のときにチームメートの折れたバットが飛んできて前歯が折れたくらいかな」。永野は前歯の1本が差し歯だ。とても丈夫そうな歯なのに不思議だったが、そういうことだったのか……。

「もう一回は、社会人野球時代にダイビングキャッチしようとして地面で頭を打って脳震盪を起こしたくらいかな」

永野は秋刀魚を頭から中骨まで全部平らげる。そして家族に「ワシだけ秋刀魚入ってなかったー」と空っぽの皿を見せるのが定番のボケ。居酒屋で頼んでも店の大将にそう言うらしい。海老フライも尻尾まで全部食べてしまう。80代後半となった今でも、おやつはうるめいわしを丸ごと。土佐という土地柄もあり、カルシウムは十分に摂れていたのだろうけれど、骨が丈夫ということか。

■「江川番」といわれた父の娘

ゆち子さんは学生時代の視力検査では、いちばん下のランドルト環が見える視力を持っていた。これは確実に父からの遺伝だと思っている。永野の視力は長年2・0だったという。それに加え、動体視力がすごいと思ったこともある。

何かで読んだ「江川番」という言葉。永野は第45回選抜大会出場の折り、作新学院江川卓投手の投げる試合の球審を、6試合中4試合担当した。動体視力のいい父が「江川番」と一部で呼ばれていたことは、娘として光栄に思っていたそうだ。

ゆち子さんは20代のとき、人生で初めてバッティングセンターに行った。ほぼ初めて握るバットだったが、案外簡単にボールに当たった。するとバッティングセンターの男性2人が来て、指導がスタート。「もっと速い球打ってみい」などと言われ調子に乗っていたが、最後は手の皮がズルッと捲《めく》れ終わった。

「さっぱりわからないままだったが、私も動体視力がよかったのかも？　球技は苦手、とひたすら避けていた学生時代だったが、もしやっていたら……」とゆち子さん。

■疾走する「ぼく」――魔法のリハビリ

自宅で母・武子さんの闘病がスタートしてしばらくしたころのことだった。犬好きだった母のために、姉妹はセラピー犬としてトイプードルをプレゼントした。名前は「ぼく」。両親と「ぼく」との生活がスタートした。

飼い始めて少し経ったころ、「ぼく」が後脚に大怪我をしてしまった。緊急入院し、手術。怪我をした脚は少し短くなってしまった。キュンキュン鳴き、痛くて歩けない仔犬に家族はどうすることもできず、しばらく一緒に泣いていたとのこと。獣医師の診断では元通りに回復しない可能性もあるけれど、リハビリ次第で走れるくらいにはなれるということだった。抱っこするのさえ怖いと思った術後の細い小さな体。その「ぼく」をヒョイと抱えてハーネスをつけて散歩に連れて行く父・永野。背骨も曲がり、怪我した脚を庇い3本脚で一生懸命歩く「ぼく」。

「今日は◯メートル、約◯分歩きました」

毎日朝夕のリハビリの状況をメールで律儀に家族に知らせてくれる。日々の積み重ねでどんどん歩く距離は伸び、今では「ぼく」は全速力で走れるくらいになった。「『ぼく』のリハビリは、父でなければできなかったと思っている」と娘たち。そして永野は今、その犬と2人で仲良く暮らしている。コツコツ、根気よくという姿勢は永野の身に沁みついている素晴らしい能力だと感じる。

■「夢でよかった」

2022（令和4）年6月、永野は「人生初かもしれない」という体調不良に陥った。近所に住むゆち子さんは毎日様子伺いに。そんなある日、「もう、今朝は汗びっしょりで、すごい動悸で目が覚めたんや」と永野。

目覚めからずいぶん時間は経っているはずだが、話しながら再びドキドキしている様子がわかったという。

「何かあったの?」と聞くと、「試合が始まる時間になり、球審としてグラウンドに上がったが、ボールも装備も何にも持ってないんや」と、見た夢を興奮気味に話したのだった。

何度も何度も「夢でよかった」と言っているちょっと弱った父を見て、マスクを外してずいぶんになるけれど、未だにそんなことがあるのかと気の毒に思えたと、ゆち子さんは語ってくれた。

■「カンニングの現場」へ

2022年の夏、ゆち子さんが父とともに慶應義塾大学野球部の日吉グラウンド訪問のために降り立った、神奈川の日吉駅。すぐに、大学へつながる緩やかな広い坂道があった。そして目に入ってきたのは仰々しい足場で囲まれた工事中の校舎。

「あそこが、カンニングが見つかった校舎の場所や！」と、父・永野は指を差して笑いながら言う。

「カンニング⁉」

大学一年のフランス語（第二外国語）のテスト中、同級生の野球部員が前の席から振り返り「鉛筆貸してくれ」「これ何の試験や？」と聞いてきたらしい。そんなやり取りの後、「解答教えろ」と懇願され、前の席のかなり巨体の部員は、大きく振り返り答えを聞いてきた。もちろんバレて、教授にこってり絞られたという話だ。

求められた問題の答えは「人間は考える葦である」であり、永野はそう野球部員に呟いた。前席の部員は「人間は考える足である」と書いたらしい。「学生生活4年間のうち数回、単位取得の危うい教科の担当教授宅を数人で訪問し、一升瓶を置いて帰ったこともいい思い出だ」と永野は話してくれたそうだ。

実は最近、実家で探し物をしていたら、古いブリキの缶があり、開けてみると永野の臍の緒が！と思ったら、その下に大学時代の成績表が入っていたそうだ。

「父の名誉のために内容は伏せますが、一升瓶の効果があったことは間違いないです」と、ゆち子さん。

■「補強選手・永野」として

日吉グラウンドで永野の思い出話が続く。

東京在住の永野の甥・哲男さんが幼いころ、母親（永野の姉）に連れられて後楽園球場へ。叔父・永野が出場する試合を見に行ったという。その試合は、永野が補強選手として出場する都市対抗野球大会だった。聞きなれない言葉だ。どういうことかと聞くと、社会人野球の世界に身を置いた現役6シーズン中、鐘紡チームから1回、日本生命チームから2回、指名されて出場したことがあるとのこと。

「補強選手」とは、都市対抗野球大会に出場する各地区代表チームが、その地区の第一次、第二次予選において敗退したチームから3名以内で選出し、チームの一員として大会に出場させることができるという制度。優秀な選手を他のチームからレンタルすることは、地区からの応援を得て「最強の地区代表」として大会に臨み戦うことであり、まさに「都市対抗」野球大会の大きな特色なのだ。

違うチームのユニフォームを着て、いつもと違うメンバーとともに試合をする。なかなか興味深いが「思い出は？」と聞くと、実際はあまり出場の機会がなく思い出はないという。その後「あ、そういえばピンチヒッターで出てホームラン打ったな」なんていうエピソードがポロッとこぼれる。

■えっ？「打ちやすかった杉浦投手の球」

日吉グラウンドで永野の思い出話が続く。

「杉浦投手の球は打ちやすかった」と父・永野が話すと、一緒にいた甥の哲男さんたちがざわめいた。娘としては失礼ながら、杉浦忠投手を知らなかった。「史上最強のアンダースロー」の異名を持った愛知県出身の投手。立教大学では同期の長嶋茂雄、本屋敷錦吾とともに「立教三羽ガラス」と言われ活躍。1957（昭和32）年の春・秋立教連覇に貢献。リーグ通算36勝は立教OBとしては最多。その後、プロ野球・南海ホークスで大活躍。通算187勝を上げた。

大学時代の父・永野と戦った同期の名投手ということだが……。

「どんな風に打ちやすかったの？」と聞いても「いやあ……」と答えるだけだった。相性がよかったということなのだろう。それ以上、話は続かなかった。それより、杉浦投手の名前に盛り上がる父の甥たちの様子に、当時の熱狂ぶりが手に取るようにわかり、現役時代を見てみたかったな、と次女・ゆち子さんは思った。

「秋山（明治大学）投手のエピソードはないんですか？」と聞く哲男さん。

「うーん」と言った後、

「そういえば、1年のとき、ピンチヒッターで出てヒットを打ったなあ」

「太田幸司選手は？」

「太田幸司選手はその頃出会った誰よりもマナーがよかったなあ。何より澄んだ目が印象的だった。そうそう、稲尾投手はイニング終了後、相手投手のためにロージンバッグをピッチングプレートの上に丁寧に置いてからベンチに下がっていた。素晴らしい選手だったなあ」と思い出が次々に出てくる。

どの選手の名前もプロ野球でその後、キラキラ輝いていた。当時の日本の大学野球の熱狂を知る皆さんは、永野からスラスラと出てくるエピソードにあらためて、この人もすごい人だったんだなと再認識するのではないだろうか。娘たちの知らない永野の青春。記憶の扉が開かれ、この本になっている。

■問題「さて、信号は何色だったでしょう？」
ゆち子さんは永野と一緒に1年に一度、児童館へ行く子どもたちに、話をする機会がある。

永野は地域の「見守り隊」として横断歩道に立ち児童を見守るボランティアを続けている。

児童館では、永野は交通安全の話をしたり、ゆち子さんは交通ルールをわかりやすく説明した絵本を読んだり、子どもたちが渡る危険な横断歩道を再現したパネルシアターで、信号の変わるタイミングなどを話したりしているそうだが、正直とても複雑で伝えにくいのだと言う。

ゆち子さんは、子どもたちのスイッチが入るように、真っ白なパネルシアターに、順番にみんなの馴染みのお店を貼って、横断歩道付近の街をつくり上げていく。わざとわからないフリをして「えーっと、ここは何屋さんだったっけ？」と子どもたちに問いかけると、後ろで見ていた父・永野がドドドドドーッと走ってきて、「クリーニング屋やで！」と大きな声で言った。慌てたゆち子さんは、思わず「おじいさん、大正解！」と、取りつくろう。きっと娘がド忘れしたと思い、助けなければ！と思ったのだろう。どうやら子どもの気を引くためのクイズという発想がないようで、困っている娘を全力で助けようとしたらしい。そんなところも、父・永野の性格を表している。やはり純真というか天然というか……。

その横断歩道は、学区内で最も危険な事故多発の横断歩道。永野はそこに立っておよそ17年。いちばん危ないのは新入生が入る4月のように思えるが、その頃は教師が付き添って1年生がそろって児童館へ向かい、児童館からも先生が迎えに出て安全に渡ることができる。問題はその後。「事故一秒　怪我一生」、子どもたちへ、永野が繰り返し伝える言葉だそうだ。自分の目で信号を見て、車が来てないかを確認して渡ること、そして「見守り隊がいなくても安全に渡れるようにしないといけない」と常々話す。

ゆち子さん自身も見守り隊員の経験があるが、そのなかで、子どもに安全確認するように促すことなく、とりあえず「早く渡れ！」と急かす隊員が多いことに驚いたと言う。

児童館での交通安全の話のとき、永野が必ず出すクイズがある。それは、「私の孫が中学生のとき、横断歩道を横断中に車に撥ねられました。この時の歩行者用の信号は何色だったでしょう？」というもの。

子どもたちは一斉に「赤ー！」と手を挙げて言う。でも答えは「青」。

ゆち子さんの娘は信号無視の車に撥ねられたのだった。幸い命に別状はなかった。このクイズの後、子どもたちの表情は一気に変わり、耳をそばだてる。そして「信号が青でも必ず車が来ていないかを自分の目で見て確認するように」と、永野は熱く熱く語る。時には小難しい言葉を使って話すのだが、みんな吸い込まれるように聞いてくれるようになるという。

そして先日も一緒に歩いていたときのこと。「永野さん！　いつも横断歩道を渡って通っていたものです」と素敵な女性とそのお母さんが挨拶をしてくれたそうだ。当時小学生だった人もすっかり大人である。実はこんなことがよくあるそうだ。

体調不良や妻・武子さんの葬儀で、数日見守り隊に行けなかったときは、数人から心配の声をもらったと言う。「父は見守り隊員だが、実は地域の方々に見守ってもらっていることに、大変感謝している」と娘たちは話す。

永野は、プロの世界に入ってもおかしくない実力の持ち主だったと思うのだが、その人生は求めなかった。

故人となられたID野球の野村克也監督が現役時代に「王や長嶋はヒマワリ。私は月見草」と表現した名言がある。永野の生き方も思考もヒマワリより月見草のような気がしてならない。人それぞれ美学はあるだろうが、永野は永野らしい「花」を咲かせたのだと思う。

おわりに

審判の存在は「絶対的」。
それを私たちの世代は野球から教わったと言っていい。テレビに出てくる威厳ある野球の審判員たち。屈強な選手たちも、名選手も、名監督もそのジャッジに対して何ら文句は言えない。少なくとも建前では。しかし、人間だから審判もミスはする。誰が見ても審判のミスという場面でも判定がくつがえらないシーンを子どものころに見ていて「なんて偉い人なんだ」と思ったり、「なんて偉そうな人たちなんだ」と思ったりしたこともあった。しかし、その肉声はほとんど聞こえてこない。

永野元玄という甲子園の名審判とたまたま親戚になり、その穏やかなたたずまいに憧れた。トッププレーヤーからサラリーマン、そして、「奉仕活動」としての甲子園での審判。「普通の人ですから、私なんか」と本人は言うが、辿った日本野球の源流の景色は、「証言」の一つとして残しておくべきと長年考えていた。私の職場は民放テレビ局のニュースの現場。映像で永野の足跡を紹介するにはNHKでないと十分なものはできない、というのがジレンマだった。甲子園の試合の素材など私たちローカル局が簡単に流せるものではない。野球のことを伝えるのに甲子園球場の外観さえも映るとまずいという「権利」の固まりなのだ。いろいろな事情があってのルールだが、高校野球をはじめ「権利」「権利」で自由な表現がままならない場面があるというのは事実。誰かが何かを守るために一定のルール・しばりがもうけられているのはわかる。だから、書き留めることを選んだ。

当初は永野自身に書いてほしいとリクエストした旨、初めにお伝えしたとおり。審判経験者としてのあふれる思いの丈を人生の終盤に吐き出してはくれないか、という期待だった。しかし、結果的に永野は今もって「審判員」である気がした。こちらが聞くこと以上のエピソードはそう雄弁に語ることはなかった。これを言うとあの人に迷惑がかかるから……この人にも迷惑が……という気遣いが、振り返るなかでさまざまあったのではと想像する。それでも私の聞き取りについて精いっぱい答えていただいたと思う。私をがっかりさせないようにという配慮もあるだろう。その点で私自身も永野に対する申し訳なさを感じている。

今回、連ねたエピソードは、永野のなかではギリギリのラインまで歩み寄ってくれたものもあるはずで、そうしたエピソードを掘り起こせたのは、特にご家族や親戚の皆さんの協力があってのこと。あらためて感謝申し上げたい。そして、編集の山本直子さんにはさまざまなサポートをいただいた。

私が暮らす名古屋には名古屋を発祥とする「バレーボール」がある。「レクリエーションバレー」と呼ばれ、「生涯スポーツ」として1960年代半ばに生まれたらしい。短縮して「レクバレー」だ。当初は女性だけの集まりだった。その後、各小中学校のPTA活動の一環として、保護者と教諭がともに6人制バレーを楽しみ、夏に名古屋一をめざす名古屋市大会が最高峰の舞台となる。一般的な6人制バレーとは大きく違い、ボールは4回で必ず相手コートに返すこと。その4回のパスではコートの6人中4人が必ずボールに触らなくてはならない。そして、スパイク攻撃は禁止で、両手でのパスアタックとする。基本的にはパスで返すという意味である。特にPTAルールではコートに男性2人、女性4人が必ず入る。1セット15点で、どちらかのチームが8点に到達した時点で試合をストップし、2人以上の交代が義務づけられている。その上で先に2セット取ったチームが勝ちとなる。このしばりで、お父さん、お母さんがより多く参加でき、バレーボール経験者の有利な状況を軽減することも考えられている。何よりも両手でのパスアタックは両手首が打ち出した方向に折れて角度がついたら「打ち込み」とされ、相手に1点が入る。これが「バレー経験者シフト」の最大の特徴なのだが、問題はこの「打ち込み」について、プレーヤーの感覚と審判の判断とがよく食い違うことだ。「手首が返った」、「返っていない」で一喜一憂。「今、何がファウルだったの?」とコート外の人たちからも声が「小さく」上がる判定が頻発する。それが当たり前の風景になっている。大学までバレーをしていたこともあり、地域で「目立ってしまう」プレーヤーだった私は、ラストの4回目をパスアタックしようとジャンプした瞬間に、主審に笛を鳴らされるというおもしろい経験をしたことがある。ボールに触れる前のファウルには笑うしかなかった。「見せしめか?」と周りの方々は言っていた。が、真実は闇。主審のほうも「ごめん、笛早すぎた」とは言えず、どよめく場内に気まずかったことだろう。審判の気持ちが断片的に現れると思われるジャッジの一つか。

この競技を「自分がやってきた6人制バレーボールとは全く違う」と理解するのに10年もかかった。審判と仲良くしながら点数を重ねていくチームが勝つ。審判に警戒されるプレーヤーでは不利になるという、よくできた競技。6人制バレーでは、この感覚は全くなかった。パワー任せでは掴み取れない勝利、特に、手首が「打ち込み」に見えない方法のあくなき研究も求められる。あまりに不思議な競技ゆえにその〝沼〟にのめり込んだ。今は、地域で指導する立場になることもある。「審判からどう見えるかというとね……」という台詞を自分でもよく選手たちに言っていると自覚している。そういうこともあり、競技は違えど「審判」とスポーツとの健全なる関わり方を求めている自分がいて、甲子園のレジェンド審判の永野の思考を聞いてみたいという思いは絶えずあった。

コロナ禍で体育館が使えず、地域での「レクバレー」継承がこの3年で厳しくなった向きもあるが、コロナ禍前は名古屋市内にクラブチームや女性団体、PTAチームも合わせ、その数が何百にもなったこともあると聞いている。競技のすそ野は広がったが、審判の絶大なる力が発揮されることで、競技から離れていく人もいた。「もう、やってられない！」と怒り出す男性を何人も見た。「これはスポーツじゃないからイヤ」という女性もいた。

この競技を経験すると、スポーツのおもしろさには、客観的判断が容易なルールと、審判の裁きとの「いい塩梅」が必要なのだなあ、とつくづく感じる。競技の普及と審判のあり方は密接に関係しているとあらためて思う。

サッカーJリーグでも選手に尊敬される審判が惜しまれつつ引退するシーンを見た。「厳格」さと「許容」との絶妙なバランスで試合が進行していく、そこにその審判が選手に愛された理由があった。主役はあくまでも競い合うプレーヤーたち。審判の死角＝ブラインドでいろいろな汚い技を使う選手も確かにいる。審判が見抜けない限界もある。だが、ルールを運用しながら「公平」かつ「スムーズ」に競い合えるよう「威厳ある態度」でジャッジしてくれることに選手は尊敬の念を抱くのだ。競技に違いはあれど、「いい審判」と言われる人たちはその点で優れているようだ。

ただ、永野が「あなたはグラウンドで生徒たちの教育者になれるのか？」という命題と向き合った審判人生は、まさに求道者の歩みであった。本音は苦しい道だったことだろう。

野球中継で何度も聞いた「球審は永野さんです」の実況。とても遠い存在だった人に、親戚になったことをいいことに、なれなれしくもお話を伺った次第。

本づくり依頼の日から1年半が過ぎたころ、永野の甲子園「最後の日」について聞いた。審判は30年で辞めようと途中から考えていたと言う。それが1993（平成5）年夏の大会（第75回記念選手権大会）となった。大会関係者に「この大会を最後に辞めたい」と申し入れたところ、8月23日の決勝戦の球審がラストゲームとなった。試合は育英（兵庫）対春日部共栄（埼玉）戦。結果は地元・育英が3対2で優勝。この試合も熱の入った名勝負の一つに数えられる。5回表にハプニングがあった。育英のキャプテンが守備でスパイクされヒザを負傷した。試合中にかかわらず、球場近くの病院で3針縫う治療を受けた。そして、8回裏の攻撃中にベンチに戻ってきた。奮起したチームは、決勝点となる1点を取り、育英が優勝。

永野は、甲子園で春・夏合わせて30年間、約300試合を見届けた。試合終了後、甲子園球場を眺め、静かに別れを告げた。審判仲間の一部には引退することを話していたが、自然消滅的に去ることを選んだ。その日の放送で「球審・永野さんの最後の試合となります」という紹介はなかった。仮に、レジェンド審判のラストゲームが試合前に伝えられていたなら、放送スタッフらも敬意を表し、試合中に間違いなく何らかのコメントを伝えたことかと思う。

「審判はグラウンドの教育者たれ」

永野は審判の道に入るときにもらった言葉を最後の瞬間まで忘れることはなかった。57歳の夏で燃え尽きた。なぜ辞めたのかは語らず、「甲子園では尊い体験をさせてもらったことに感謝以外に何もありません」と述べるのみだ。あらためて申し上げるが、時代時代の選手個人についてのコメントを求められたこの本づくりは、永野にとっては心の負担となり、辛かったことだろう。先生が、一人の児童・生徒への批評を公言するようなものだから。

さて、野球への興味がＷＢＣで一段と列島に広がった。政治では何とも元気づけようがない不景気なこの国を一気に明るくしてくれたのは見事だった。それは、永野が歩んだ黎明期を経て日本の野球が熟成された瞬間だったのではないだろうか。

サッカーもいいけど野球もね……と言いたい。

審判の皆さんの存在がなければ、その景色は見られなかったことも忘れない。

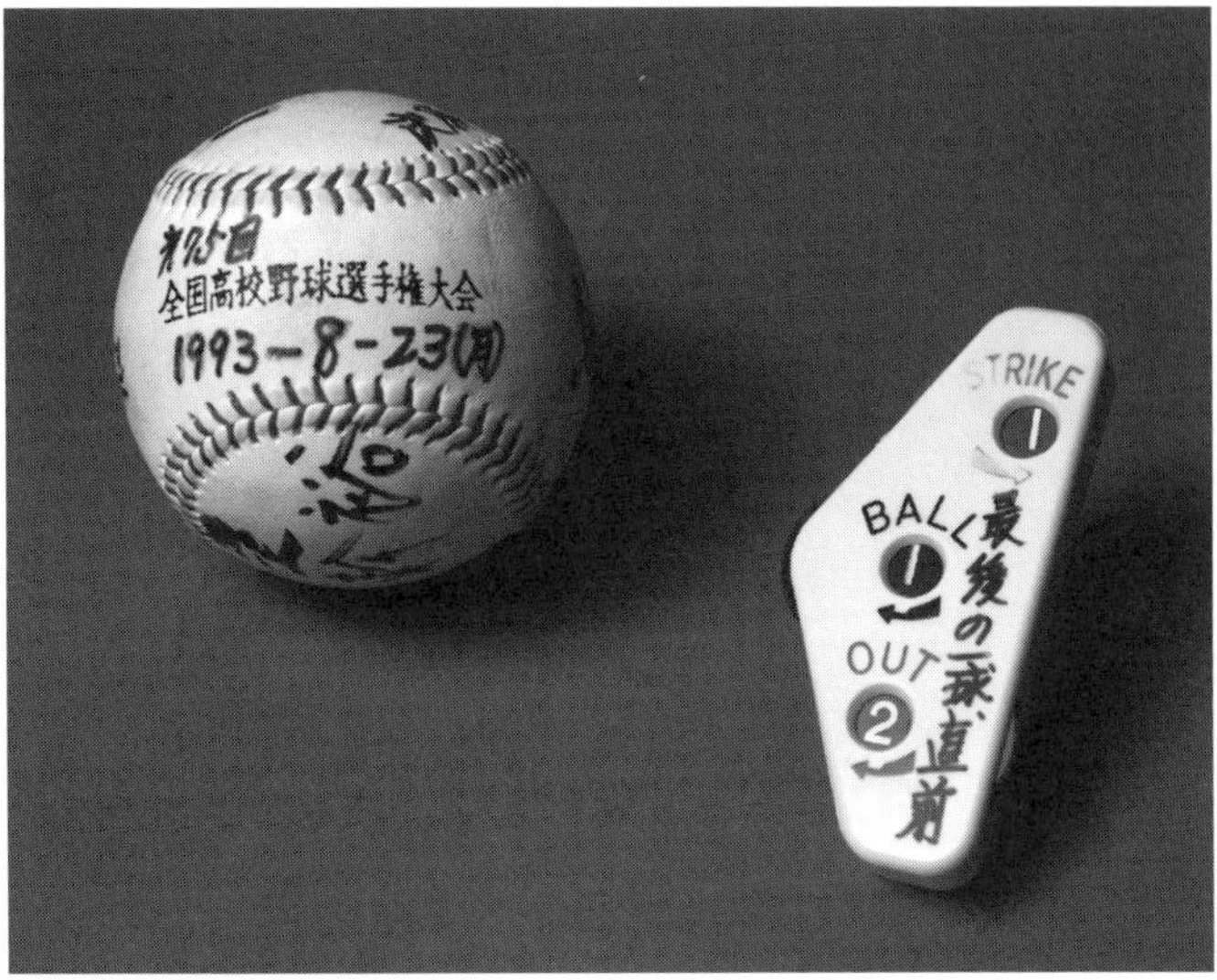

最後の試合で使ったインジケーターと記念のボール

永野元玄略年譜

1936（昭和 11）年	2 月 26 日高知県に生まれる
1942（昭和 17）年	高知市立旭小学校へ入学
1948（昭和 23）年	高知市立城西中学校へ入学
1951（昭和 26）年	私立土佐高等学校へ入学。野球部では捕手
1952（昭和 27）年	2 年次に第 24 回選抜高等学校野球大会に出場
1953（昭和 28）年	第 25 回選抜高等学校野球大会と夏の第 35 回全国高等学校野球選手権大会に主将として出場。第 35 回全国高等学校野球選手権大会では延長 13 回の末、準優勝
1954（昭和 29）年	慶應義塾大学に進学。大学では元巨人軍監督の藤田元司氏とバッテリーを組む
1958（昭和 33）年	住友金属工業に入社。野球団で 6 年間プレー
1961（昭和 36）年	大鳥居武子と結婚
1962（昭和 37）年	長女・のり子誕生
1964（昭和 39）年	高校野球審判委員となる
1966（昭和 41）年	次女・ゆち子誕生
1979（昭和 44）年	第 61 回全国高等学校野球選手権大会 3 回戦箕島対星稜延長 18 回の球審を務めた
1993（平成 5）年	高校野球審判委員を引退

1994（平成 6）年からは審判委員幹事、以降は日本高等学校野球連盟常任理事 10 期 20 年、顧問 3 期 6 年務める。その他高校野球評議員、選抜大会選考委員、審判規則副委員長、軟式部委員、プロアマ健全化委員、大会運営委員、日本学生野球協会評議員などを歴任。

大園　康志（おおぞの やすし）

CBCテレビ報道部デスク。

1966年2月、鹿児島市生まれ。

1988年にアナウンサーとして入社。

2008年からは報道部勤務。

ドキュメンタリー番組のプロデューサーとして若手制作者の育成に取り組む。

ギャラクシー賞、民間放送連盟賞、放送文化基金賞、「地方の時代」映像祭グランプリ、モンテカルロ・テレビジョンフェスティバルでゴールデン・ニンフ賞など、内外での受賞作品多数。

ディレクター代表作「山小屋カレー」

プロデュース代表作「笑ってさよなら〜四畳半下請け工場の日々〜」「ヤメ暴〜漂流する暴力団離脱者たち」最新作「転んで転んで…〜ラグビー家族のラストパス」「僕と時々もう1人の僕〜トゥレット症と生きる」

編集協力　山本哲男
岩川隆之
永野のり子
奥田ゆち子
奥田　実

装　画　金　清美（アトリエ・ハル）
装　丁　三矢千穂

球審は永野さん
あの夏「神様がつくった試合」で見た景色

2023年7月12日　初版第1刷　発行

著　者　大園康志

発行者　ゆいぽおと
〒461-0001
名古屋市東区泉一丁目15-23
電話　052（955）8046
ファクシミリ　052（955）8047
https://www.yuiport.co.jp/

発行所　KTC中央出版
〒111-0051
東京都台東区蔵前二丁目14-14

印刷・製本　モリモト印刷株式会社

内容に関するお問い合わせ、ご注文などは、
すべて右記ゆいぽおとまでお願いします。
乱丁、落丁本はお取り替えいたします。

ISBN978-4-87758-559-4 C0095

ゆいぽおとでは、
ふつうの人が暮らしのなかで、
少し立ち止まって考えてみたくなることを大切にします。
テーマとなるのは、たとえば、いのち、自然、こども、歴史など。
長く読み継いでいってほしいこと、
いま残さなければ時代の谷間に消えていってしまうことを、
本というかたちをとおして読者に伝えていきます。